Brot
selbst gebacken

TEXT | FOTOS

KRISTIANE MÜLLER-URBAN | JANA LIEBENSTEIN

004 SERVICE

005 *Tipps für die Brotbackstube*

007 *Zutaten: Mehl*

009 *Zutaten: Flüssigkeiten und Triebmittel*

011 **Zutaten: Geschmack fürs Brot**

013 **Brot backen – so geht's**

015 **Grundrezept Hefeweißbrot**

017 **Grundrezept Sauerteigbrot**

019 *Grundrezept Backferment-Mischbrot*

021 *Pannenhilfe*

022 *Leckeres aus altbackenem Brot*

122 *Register*

125 *Bezugsadressen*

128 *Impressum*

024 HELLE BROTE

027 Leckerer Start in den Tag

033 Tägliches Lieblingsbrot

041 Ganz ohne Kneten

043 Besonders schnell

045 Mit feinem Dinkel

049 Glutenfreier Genuss

053 Brötchen – hell und fein

056 4 × Aufstriche für helles Brot

058 DUNKLE BROTE

061 Abend für Abend gut

069 Für Picknick und Party

077 Gedreht und gewickelt

083 Glutenfreier Genuss

084 Klein und herzhaft

088 4 × Aufstriche für dunkles Brot

090 BROTE AUS ALLER WELT

093 Typisch französisch

099 Brot all'italiana

103 Ausflug in den Orient

108 Fürs internationale Büfett

116 Feines im Kleinformat

120 4 × Aufstriche aus aller Welt

Brot backen – einfach, lecker und gesund

**Natürlich können Sie frisches Brot an jeder Ecke kaufen.
Aber das eigene Brot zu backen ist schon etwas Besonderes.**

Es macht Freude, den Teig mit den eigenen Händen zu bearbeiten. Es macht stolz, wenn er dann locker aufgeht. Es macht Appetit auf die erste Scheibe, wenn der Duft von frisch gebackenem Brot durchs ganze Haus zieht. Brot kommt bei den meisten Menschen täglich auf den Tisch. Selberbacken sorgt daher auch für Abwechslung im Brotkorb: Sie können Ihr eigenes Brot jedes Mal anders würzen, einmal Nüsse und ein anderes Mal Früchte unterkneten oder die Form verändern. Oder Sie probieren meine Ideen aus: In diesem Buch finden Sie nicht nur schmackhafte Brote für jeden Tag, sondern auch besonders feine für Sonn- und Feiertage und Ideen für Partys und Büfetts. Dafür habe ich mich nicht nur hierzulande umgesehen, sondern auch in aller Welt. Und obendrein verrate ich Ihnen noch die passenden Brotaufstriche!

Aber dauert es nicht furchtbar lange, das eigene Brot herzustellen? Wie man's nimmt: Der Teig ist in den meisten Fällen in 10 bis 15 Minuten fertig gerührt. Dann will er allerdings seine Ruhe haben, damit das Brot locker wird. Das kann etliche Stunden dauern – in denen Sie allerdings nichts tun müssen. Sie können die Zeit verkürzen, wenn Sie den fertigen Teig in eine leicht angewärmte Form oder Schüssel geben, ihn mit einem angewärmten Tuch abdecken und entweder in die Nähe der Heizung, in den 50° warmen Backofen oder sogar auf ein warmes Heizkissen stellen. So verdoppelt der Teig schneller sein Volumen. Und: Lange Gehzeiten

sorgen nicht nur für besonders lockeres, sondern auch für schmackhafteres Brot. Probieren Sie es aus! Wenn es aber doch einmal fix gehen muss, dann backen Sie doch eins der schnellen Brote auf S. 43.

Kleine Helfer erleichtern die Arbeit in der Backstube: Zum Bestreichen der Teigoberfläche mit Wasser, Milch oder Ei verwenden Sie am besten einen Backpinsel aus Silikon. Um das Brot oben einzuschneiden, reicht ein Messer – besser geht es allerdings mit einem Cutter (Teppichmesser). Ein kleines Teesieb erweist sich als praktisch, um Brote gleichmäßig mit Mehl zu bestreuen. Um Wasserdampf im Backofen zu erzeugen, können Sie eine ofenfeste Schale mit Wasser hineinstellen. Oder Sie benetzen die heißen Ofenwände mit Wasser aus einer Sprühflasche für Pflanzen – natürlich darf sie nie zuvor für etwas anderes als Wasser verwendet worden sein! Wenn Sie Laibe wie vom Bäcker haben möchten, können Sie sich Gärkörbchen anschaffen: In diesen gut bemehlten Körben aus Peddigrohr ruht der Teig und bekommt dabei seine charakteristischen Rillen. Gebacken wird das Brot gestürzt auf ein Backblech. Sie können jeden Teig in einer beliebigen eingefetteten Form (Brotbackform, Kranzform, eckige Form, Kastenform, Springform, Rehrückenform) backen. Beachten Sie, dass sich in beschichteten Backformen die Backzeit im Vergleich zu einfachen, leichten Backformen um ca. 10 Min. verlängert.

Mehl und Korn – von fein bis grob

1 | Feines Mehl

Die meisten Mehle tragen eine Typenbezeichnung. Sie weist auf den Mineralstoffgehalt des Mehls hin. Je höher die Type, desto höher der Nährstoffgehalt. Bei uns werden bei Weizenmehl am häufigsten die Typen 405, 550 und 1050 verwendet. Roggenmehl für kräftige Brote ist meist als Type 815, 997 und 1150 im Handel. Mehle aus Dinkel bekommen Sie mit den Typenbezeichnungen 630 und 1050. Alle diese Mehlsorten können Sie miteinander mischen. Teige mit einem hohen Anteil Roggenmehl sind allerdings klebriger als solche aus Weizen, und sie benötigen zusätzlich Sauerteig, um locker und wohlschmeckend zu werden.

2 | Vollkornmehl

Vollkornmehl enthält alle nährstoffreichen Bestandteile des Korns einschließlich des fetthaltigen Keims und trägt keine Typenbezeichnung. Wenn Sie kein fertig abgepacktes Vollkornmehl kaufen möchten, können Sie Körner mit einer Getreidemühle selbst zu Hause mahlen oder im Bioladen oder Reformhaus mahlen lassen. Vollkornmehl sollten Sie immer bald verarbeiten, weil es leicht ranzig wird. Teige mit Vollkornmehl erfordern mehr Flüssigkeit: ungefähr zusätzliche 10 bis 15 Prozent.

3 | Mehlspezialitäten

Gersten-, Hafer- und Grünkernmehl werden beim Brotbacken seltener verwendet. Das gilt auch für Mehle aus Buchweizen, Reis und Mais. Wer sie zum Backen einsetzen möchte, muss sie mit Mehl aus Weizen, Roggen oder Dinkel mischen oder benötigt spezielle Rezepte, denn diesen Mehlen fehlt das Klebereiweiß Gluten, das Teige aufgehen lässt. Für Menschen, die Gluten nicht vertragen, gibt es inzwischen auch helle und dunkle glutenfreie Mehlmischungen in Supermarkt, Reformhaus oder Bioladen und übers Internet zu kaufen. Köstliche Brote und Brötchen können Sie mit Hartweizenmehl (auch: Farina di semola di grano duro) backen. Wenn Sie keins bekommen, können Sie stattdessen ein beliebiges Weizen- oder Dinkelmehl ungefähr im Verhältnis 3 zu 1 mit Hartweizengrieß mischen. Pasta- und Pizzamehl (oft als »Tipo 00« angeboten), Spätzlemehl und doppelgriffiges Mehl (Dunst) sind weitere Spezialmehle. Falls Sie sie in Ihrer Gegend nicht bekommen: Bezugsquellen für all diese Mehlspezialitäten finden Sie auf S. 125.

4 | Schrot

Bei Schrot handelt es sich um grob zerkleinertes Getreide. Im Supermarkt finden Sie Weizen-, Roggen- und Dinkelschrot. Es handelt sich dabei in der Regel um Vollkornschrot, der wie Vollkornmehl bald verarbeitet werden sollte, weil er leicht verdirbt. Wenn Sie selbst eine Getreidemühle besitzen, können Sie die Körner frisch grob oder fein schroten. Sonst bitten Sie in Reformhaus oder Bioladen darum.

5 | Ganze Körner

Für rustikale, kernige Brote können Sie Getreidekörner wie Weizen, Roggen, Dinkel, Grünkern, Gerste oder Hafer in leicht gesalzenem Wasser vorgaren und abgegossen, abgetropft und abgekühlt in Ihren Brotteig einarbeiten.

Für lockere Krume und saftiges Brot

1 | Flüssigkeiten

Erst Flüssigkeit macht das Mehl zum Teig. Meist ist das Wasser, aber Milchprodukte, Bier oder Wein und Säfte sorgen für Abwechslung. Alle Flüssigkeiten, es sei denn, es steht etwas anderes im Rezept, müssen handwarm (38°) sein. Wie viel Flüssigkeit der Teig braucht, hängt von der Art des Mehls, von seinem Alter und sogar vom Wetter ab. Deshalb wird in den Rezepten meist nicht gleich die ganze Flüssigkeit zugegeben. Der Rest kommt nur dazu, wenn der Teig sonst zu fest ist.

2 | Hefe

Frische Hefe bekommen Sie im Kühlregal als 42-g-Würfel. Trockenhefe finden Sie bei den Backzutaten in unterschiedlichen Packungsgrößen. Die in den Tütchen enthaltene Menge ist aber immer für 500 g Mehl vorgesehen.

3 | Sauerteig

Roggenbrote brauchen zum Teiglockern neben Hefe auch Sauerteig. Sie können ihn flüssig im Beutel oder getrocknet im Supermarkt, Reformhaus oder Bioladen kaufen. Beachten Sie stets die Gebrauchsanweisung: Es gibt Päckchen mit 15, 30 und 100 g Trockensauerteig, die jeweils für eine bestimmte Mehlmenge ausgelegt sind – sie haben unterschiedliche Triebkraft.

4 | Eigener Sauerteig

Wer Sauerteig selbst herstellen möchte, spült ein Einmachglas von 1,5 l kochend heiß aus (kein antibakterielles Spülmittel verwenden!). 100 g Roggenmehl mit 200 ml warmem Wasser glatt rühren. Das Gefäß mit Glasdeckel oder Küchentuch zudecken und warm (ca. 25°) ruhen lassen. Nach 24 Std. 100 g Roggenmehl und 150 ml warmes Wasser einrühren. Diesen Vorgang noch zwei-, dreimal wiederholen. Nach 3 bis 5 Tagen sollte der Sauerteig fein perlen und angenehm säuerlich riechen. Er kann jetzt verwendet werden. Nicht verwendeten Sauerteig mit viel Mehl verkrümeln und im Schraubglas im Kühlschrank aufbewahren. Vor der Verwendung mit warmem Wasser halbflüssig anrühren und 24 Std. ruhen lassen. Achtung: Wenn Sauerteig faulig riecht oder sogar schimmelt, müssen Sie ihn wegwerfen!

5 | Spezial-Backferment

In Bioläden und Reformhäusern erhalten Sie dieses Pulver, das als Gärhilfe den Teig lockert und Brot besonders bekömmlich macht. Zum Backen brauchen Sie einen Grundansatz, den Sie mit dem Pulver in ca. 20 Std. nach Gebrauchsanleitung selbst herstellen können. Sie können ihn aber auch fertig in Reformhäusern bestellen. Backferment-Teige sind weich und werden am besten in Backformen oder als Fladen gebacken.

6 | Weitere Helferlein

Für besonders lockere Backwaren mit einer schönen Kruste sorgen Backmalz (Pulver) und Baguetteback (Pulver), die im Spezialversand bestellt werden können (siehe S. 125). Sie können beides auch weglassen, allerdings gehen Brote und Brötchen dann nicht so schön locker auf. Gerstenmalz-Extrakt (Reformhaus oder Bioladen), Zuckerrübensirup und Zuckerkulör (Supermarkt) sorgen für eine appetitliche Brotfarbe.

1

2

3

4

5

Kleine Zutat – große Wirkung

1 | Salz

Ein Brot ohne Salz schmeckt nicht. Wie viel es allerdings sein darf, da unterscheiden sich die Geschmäcker der Bäcker: Als Anhaltspunkt gilt, dass für 500 g Mehl 1 leicht gehäufter TL Salz genügt. Aber was dem einen schon zu salzig ist, kommt dem anderen zu fad vor. Mit ein bisschen Backübung haben Sie allerdings schnell heraus, welche Salzmenge Ihnen persönlich am besten schmeckt. Natürlich eignen sich neben normalem Speisesalz auch Spezialsalze wie Meersalz, Kräutersalz oder Himalayasalz.

2 | Süßes

Ein wenig Zucker im Brotteig sorgt für einen runden Geschmack. Außerdem arbeitet Hefe besonders fleißig, wenn sie damit gefüttert wird. Neben Zucker können Sie auch flüssigen Honig, Ahornsirup, Rübensirup, Apfeldicksaft oder Agavendicksaft verwenden. Mit Steviapulver (Süßungsmittel aus der Steviapflanze) kann Hefe allerdings nichts anfangen – um Backwaren zu süßen, eignet es sich trotzdem.

1 g Steviapulver entspricht der Süßkraft von 10 g Zucker. In süße Brote passt auch Trockenobst wie Pflaumen, Äpfel, Birnen, Aprikosen, Datteln oder Feigen. Am besten eignen sich sogenannte Soft-Früchte, die Sie einfach grob gewürfelt unterkneten können.

3 | Butter, Öl & Co.

Brotteig kommt ohne Fett aus, auch wenn ein paar Esslöffel Öl dafür sorgen, dass das Backwerk nicht so schnell austrocknet. Aber eigentlich werden Fette vor allem wegen ihres Aromas eingesetzt: Butter in der Brioche, Olivenöl für die Focaccia. Kürbiskernöl verleiht Brot außerdem eine appetitliche Farbe.

4 | Brotgewürz

Würzzutaten bringen Abwechslung ins tägliche Brot. Je nach Vorliebe können das Küchengewürze sein, aber auch geröstete Zwiebeln, frische oder getrocknete Kräuter. Klassische Brotgewürze sind Anis, Kümmel und Koriander. Sie sind neben anderen in den gängigen Brotgewürzmischungen enthalten, die es fertig zu kaufen gibt – als ganze Körner, geschrotet oder fein gemahlen. In welcher Form Sie das Brotgewürz verwenden, bleibt Ihnen überlassen. 1 bis 2 Esslöffel würzen 1 kg Mehl. Sie können aber auch Ihre eigene Mischung herstellen und in einer fest verschlossenen Dose aufbewahren: Für **Mischung 1** nehmen Sie zu gleichen Teilen Anissamen, Fenchelsamen, Koriandersamen, Macis (Muskatblüte) und Kümmelsamen. In **Mischung 2** gehören Anis, Fenchel, Kardamom, Kreuzkümmel und Sternanis zu gleichen Teilen. Beide können Sie ganz, gemörsert oder gemahlen verwenden.

5 | Nüsse und Samen

Eine besonders kernige Zutat sind Nüsse und Samen, die Sie unter jeden Brotteig mischen können (mindestens 100 g auf 1 kg Mehl, aber auch die doppelte Menge). Probieren Sie neben Ihren Lieblingsnüssen doch auch mal die Samenmischungen aus dem Supermarkt (bei den Salatzutaten oder im Nussregal). Meine Lieblingsmischung: zu gleichen Teilen kurz angeröstete Pinienkerne, Pistazien und Mandelstifte.

Das kleine 1×1 des Brotbackens

**Schwierig ist es nicht, das eigene Brot zu backen.
Wer ein paar Dinge beachtet, darf sich über schön lockere Laibe freuen.**

Der erste Schritt ist meist der Vorteig: Frischhefe oder Sauerteig werden dabei mit etwas Flüssigkeit und Mehl und/oder Zucker verrührt (**Bild 1**) und dürfen abgedeckt warm ruhen, bis sich Bläschen gebildet haben (**Bild 2**). Danach kommen zum Vorteig die trockenen Zutaten und die handwarme (38°) Flüssigkeit. Ist sie zu kalt, brauchen die Hefen zu lange zum Gehen. Bei über 50° werden sie abgetötet, und das Brot geht nicht auf. Alles wird einige Minuten gründlich mit dem Knethaken verrührt.

Nun geht's ans Kneten:
Dazu schlagen oder falten Sie den Teig auf der bemehlten Arbeitsplatte 5 bis 10 Minuten lang immer wieder von links nach rechts, von rechts nach links, von vorn nach hinten und von hinten nach vorn zusammen (**Bild 3**) und drücken ihn mit dem Handballen ein (**Bild 4**), bis der Teig schön elastisch geworden ist. Roggenteige bleiben ein bisschen klebrig – geben Sie trotzdem nicht zu viel Mehl dazu. Sehr weiche Teige bearbeiten Sie in der Schüssel mit Händen oder Knethaken. Und Backpulverteige kommen sogar ganz ohne Kneten aus.

Ein bisschen Ruhe: Der Teig darf nun zugedeckt gehen, bis er sein Volumen verdoppelt hat (**Bild 5 und 6**). Dazu reicht Raumtemperatur über 20°, aber etwas Wärme (zum Beispiel in der Nähe der Heizung) beschleunigt die Sache. Aber Achtung: Bei zu viel Hitze sterben die Hefen ab! Decken Sie den Teig mit Frischhaltefolie und Küchentuch ab. Manche Brote verlangen längere Ruhezeiten bei niedriger Temperatur. Bei Gehzeiten über sechs Stunden stecken Sie den Teig mit Schüssel am besten in eine Plastiktüte (oder einen Bratschlauch), damit er nicht austrocknet, und legen ein Küchentuch darüber. Wenn Brote auf dem Backblech ruhen oder in der Form hoch aufgehen sollen, falten Sie am besten eine Haube aus Alufolie und setzen sie so über den Teig, dass er auch beim Aufgehen die Folie nicht berührt – sonst bleibt er kleben und fällt beim Abziehen zusammen.

Ab in den Ofen: Der ein- oder zweimal gegangene Teig wird nun in Form gebracht und nach Belieben eingeschnitten (**Bild 7**). Handgeformte Laibe kommen auf das gefettete Backblech, weiche Teige backen am besten in einer gefetteten Form auf dem Backofenrost. Der Ofen wird auf Ober-/Unterhitze vorgeheizt – Umluft ist fürs Brotbacken ungeeignet. Wasserdampf im Ofen sorgt für eine schöne Kruste. Dazu können Sie entweder, kurz bevor das Brot in den Ofen wandert, die Ofenwände mit Wasser besprühen oder ein ofenfestes Schälchen mit heißem Wasser auf den Ofenboden stellen. Und wann ist das Brot fertig? Die angegebene Backzeit kann je nach Ofen variieren. Machen Sie die Probe: Nehmen Sie das gebackene Brot aus dem Ofen und klopfen Sie auf den Boden. Klingt es hohl, ist das Brot fertig.

Grundrezept Hefeweißbrot

beliebter Klassiker
Zubereitung: ca. 25 Min. | Ruhen: ca. 2 Std. 10 Min. | Backen: ca. 55 Min. | Pro 100 g: ca. 275 kcal

Für 1 Brot von 850 g

50 g Butter
20 g Hefe (ca. 1/2 Würfel)
1 TL Zucker
500 g Weizenmehl Type 550
ca. 250 ml warmes Wasser
1 EL flüssiger Honig
1 TL Salz

Außerdem:

Mehl zum Bearbeiten
1 Kastenform (30 cm Länge)
Butter für die Form
Weizengrieß für die Form

Besonders clever!

Sie können den Teig auch halbieren und in **zwei kleineren Kastenformen (24 cm)** backen. Die Backzeit reduziert sich dann um 5–10 Min. Auch **Brötchen** daraus (Backzeit ca. 25 Min.) schmecken sehr gut. Sie können Brot oder Brötchen, luftdicht in Alufolie eingewickelt, einige Wochen **einfrieren**.

1 Die Butter schmelzen und abkühlen lassen. Die Hefe in ein Schälchen bröckeln. Den Zucker und 3 EL Mehl darübergeben und mit 50 ml warmem Wasser glatt rühren. Zugedeckt 10 Min. ruhen lassen.

2 Das restliche warme Wasser bis auf etwa eine halbe Tasse (ca. 50 ml) mit lauwarmer Butter, Honig und Salz mischen. Den Hefeansatz grob mit dem Mehl verrühren, die Flüssigkeit hinzufügen und mit dem elektrischen Knethaken oder mit einem Kochlöffel etwa 5 Min. kräftig rühren. Bei Bedarf noch etwas Wasser hinzufügen.

3 Wenn sich der Teig vom Schüsselrand löst (**Bild 1**), ein wenig Mehl darüberstreuen. Aus Alufolie eine Haube formen, über die Schüssel legen (**Bild 2**) und den Teig zugedeckt an einem warmen Ort ca. 1 Std. ruhen lassen, bis sich das Volumen verdoppelt hat. Inzwischen eine Kastenform einfetten und mit etwas Grieß ausstreuen.

4 Den Teig zusammenfalten (**Bild 3**) und in die Form geben. Die Oberfläche einmal längs einschneiden, mit etwas warmem Wasser bestreichen und mit Mehl bestreuen. Die Form mit der Alufolien-Haube zudecken und noch einmal ca. 1 Std. im Warmen ruhen lassen, bis sich das Volumen verdoppelt hat.

5 Gegen Ende der Ruhezeit den Backofen auf 210° vorheizen (Umluft nicht geeignet). Die Wände mit etwas Wasser besprühen oder eine Schale mit Wasser auf den Ofenboden stellen. Das Brot auf der zweiten Schiene von unten ca. 55 Min. backen, dann auf ein Kuchengitter stürzen und auskühlen lassen.

Grundrezept Sauerteigbrot

für jeden Tag | *Zubereitung: ca. 25 Min.* | *Ruhen: ca. 2 Std. 15 Min.* | *Backen: ca. 1 Std.* | *Pro 100 g: ca. 275 kcal*

Für 1 Brot von 1,2 kg

42 g Hefe (1 Würfel)
1 TL Zucker
ca. 450 ml warmes Wasser
750 g Roggenmehl Type 997
1 EL gemahlenes Brotgewürz
   (siehe S. 11, nach Belieben)
1 1/2 TL Salz | 2 EL Rüben-
sirup oder Gerstenmalz-Extrakt
(Reformhaus oder Bioladen)
2 EL Balsamico-Essig
225 g flüssiger Sauerteig (selbst
   angesetzt oder im Beutel)

Außerdem:

Mehl und Öl zum Bearbeiten
1 rundes Gärkörbchen
   (nach Belieben)
Butter für das Backblech
kalter Kaffee zum Bestreichen
(ersatzweise Wasser)

Variante mit Roggenschrot

Für eine **festere Krume** ersetzen
Sie einfach 250 g Mehl durch
250 g Roggenvollkornschrot.
Erhöhen Sie dann aber die Flüs-
sigkeitsmenge um ca. 50 ml, weil
Schrot mehr Wasser aufnimmt.
Wichtig ist, dass der bearbeitete
Teig elastisch ist, auch wenn er
– wie bei Roggenteigen normal –
ein wenig klebt. Ein zu fester Teig
ergibt kein lockeres Brot.

1 Die Hefe in ein Schälchen bröckeln und mit dem Zucker
bestreuen. Mit 6 EL warmem Wasser glatt rühren und zugedeckt 15 Min. ruhen lassen. Das Mehl in einer Schüssel grob
mit Brotgewürz und Hefeansatz mischen. Das restliche
warme Wasser bis auf eine halbe Tasse (ca. 50 ml) mit Salz,
Gerstenmalz-Extrakt oder Rübensirup und Essig verrühren.

2 Den Sauerteigbeutel in warmem Wasser (**Bild 1**) oder auf
der Heizung erwärmen, durchkneten und den Sauerteig mit
der angerührten Wasser-Sirup-Essig-Mischung zum Mehl
geben. Alles mit dem elektrischen Knethaken oder einem
Kochlöffel mischen. Die Arbeitsfläche mit Mehl bestreuen
und den Teig darauf mit den Handballen etwa 10 Min. bearbeiten (**Bild 2**), bis er kaum noch klebt und elastisch ist.

3 Den Teig zu einer Kugel formen. Das Gärkörbchen oder
eine Schüssel und die Teigkugel mit Öl einfetten und mit
Mehl bestreuen. Den Teig in das Gärkörbchen oder in die
Schüssel setzen. (**Bild 3**). Zugedeckt an einem warmen Ort
ca. 2 Std. ruhen lassen, bis sich das Volumen verdoppelt hat.

4 Inzwischen den Backofen auf 220° vorheizen (Umluft nicht
geeignet). Das Backblech einfetten und den gegangenen
Teig daraufstürzen. Die Oberfläche des Laibs mit einem
scharfen Messer kreuzweise einritzen.

5 Die Backofenwände mit etwas Wasser besprühen oder
ein Schälchen mit Wasser auf den Ofenboden stellen.
Das Brot im Backofen auf der zweiten Schiene von unten
ca. 1 Std. backen. Die Oberfläche des fertigen Brots sofort
mit etwas kaltem Kaffee oder Wasser bestreichen und das
Brot auf einem Kuchengitter auskühlen lassen.

Grundrezept **Backferment**-Mischbrot

mild und bekömmlich

Zubereitung: ca. 30 Min. | Ruhen: ca. 26 Std. | Backen: ca. 1 Std. | Pro 100 g: ca. 270 kcal

Für 1 Brot von 1,6 kg

Für den Vorteig:

1 leicht gehäufter TL Backferment (Reformhaus oder
Bioladen)
2 EL Grundansatz Backfer-
ment (selbst angesetzt
oder gekauft, siehe S. 9)
300 ml warmes Wasser
200 g Roggenvollkornmehl

Für den Hauptteig:

500 g Weizenmehl Type 550
250 g Roggenmehl Type 997
1 Pck. Trockenhefe
ca. 450 ml warmes Wasser
3 EL Rübensirup oder Gerstenmalz-Extrakt (Reformhaus
oder Bioladen)
2 TL Salz
2 EL Öl
2 EL heller Essig

Außerdem:

Plastiktüte oder Bratschlauch
Mehl zum Bearbeiten
1 Brotbackform oder 2 Kastenformen (je 30 cm Länge)
Butter für die Form

1 Am Vortag für den Vorteig das Backferment mit dem
Grundansatz und dem warmem Wasser in einer Schüssel glatt rühren. Das Vollkornmehl dazugeben und gut
verrühren. Die Schüssel in eine Plastiktüte oder einen
Bratschlauch stecken (**Bild 1**), mit einem Tuch zudecken
und an einem warmen Ort 15–20 Std. ruhen lassen.

2 Am Backtag für den Hauptteig Weizen- und Roggenmehl
mit der Trockenhefe zum Vorteig geben. Das Wasser mit
Gerstenmalz oder Rübensirup, Salz, Öl und Essig mischen,
darübergießen und mit dem Knethaken oder einem Kochlöffel ca. 5 Min. kräftig rühren. Die Schüssel wieder in die
Tüte geben, mit einem Tuch zudecken und den Teig ca.
2 Std. ruhen lassen, bis sich das Volumen verdoppelt hat.

3 Die Arbeitsfläche mit Mehl bestreuen, den weichen Teig
daraufgeben und mit dem Teigschaber oder Pfannen-
wender mehrmals zusammenfalten (**Bild 2**), dann zu einer
Kugel formen und in die mit Mehl ausgestreute Schüssel
legen. Wieder in der zugedeckten Tüte ca. 2 Std. ruhen
lassen, bis sich das Volumen verdoppelt hat.

4 Die Backform fetten, den Teig hineingeben und erneut in
der Tüte ca. 2 Std. ruhen lassen.

5 Den Backofen auf 240° vorheizen (Umluft nicht geeignet).
Die Teigoberfläche mit einem scharfen Messer einmal längs
einschneiden und mit einem Teesieb mit etwas Mehl bestreuen (**Bild 3**). Die Backofenwände mit Wasser besprühen
oder eine Schale mit Wasser auf den Ofenboden stellen.
Das Brot auf der zweiten Schiene von unten zuerst 15 Min.
backen. Danach die Hitze auf 210° reduzieren und das Brot
in ca. 45 Min. fertig backen. Auf ein Kuchengitter stürzen,
wenden und sofort mit kaltem Wasser bestreichen.

Hilfe! Was tue ich, wenn …

1 | … der Teig klebt?

Die meisten Brotteige kleben anfangs. Beim Kneten auf der bemehlten Arbeitsfläche gibt sich das in der Regel. Bestreuen Sie den Teig dabei immer wieder mit Mehl – aber nicht zu viel, sonst wird er zäh! Roggenteige kleben übrigens immer ein wenig. Achten Sie gerade hier darauf, nicht zu viel zusätzliches Mehl einzuarbeiten, sonst gehen die Brote nicht locker genug auf.

2 | … der Teig zu flüssig oder zu weich ist?

Arbeiten Sie noch ein wenig Mehl unter den Teig. Wenn Sie mehr als ca. 50 g Mehl zum Teig hinzufügen müssen, geben Sie außerdem noch etwas Trockenhefe dazu. Backen Sie weiche Teige am besten in einer Form, damit sie nicht zum Fladen verlaufen.

3 | … der Teig zu fest ist?

Lässt sich der Teig kaum kneten, dann geben Sie nach und nach etwas lauwarme Flüssigkeit dazu. Bearbeiten Sie den Teig auf der gut bemehlten Arbeitsfläche, bis er elastisch ist und nicht mehr klebt.

4 | … der Teig nicht aufgeht?

Teige mit Hefe, Sauerteig und Spezial-Backferment lieben die Wärme. Sollte Ihr Teig einfach sitzen bleiben, dann überlegen Sie: War die Raumtemperatur beim Gehen zu kalt? Oder haben Sie zu kalte Zutaten (Flüssigkeiten, Eier, Fett) zugegeben? In beiden Fällen wird Ihr Teig vermutlich doch noch aufgehen; es dauert nur länger. Oder war etwa die Hefe alt? Dann verrühren Sie ca. 12 g frische Hefe (gut 1/4 Würfel) mit etwas Zucker, 1 EL Mehl und 4 EL warmem Wasser. 15 Min. ruhen ruhen lassen und Ansatz unter den Teig arbeiten. Vermeiden Sie während der Teigzubereitung Zugluft!

5 | … mein Brot immer einen feuchten Streifen (Klitsch) bekommt?

Backwaren mit hohem Anteil Roggenmehl werden klitschig, wenn lediglich Hefe verwendet wurde. Roggenmehl braucht Sauerteig, damit das Brot gut aufgehen kann. Ob Sie flüssigen (selbst angesetzt oder gekauften im Beutel) oder Sauerteigpulver verwenden, bleibt dabei Ihnen überlassen.

6 | … das Brot zu hell oder zu dunkel backt?

Ein zu helles Brot können Sie leicht in etwa 10 Minuten nachbacken. Aber von einem verbrannten Brot können Sie nur noch die Kruste abschneiden. Wenn es Ihnen immer wieder passiert, dann verringern Sie einfach die Backtemperatur um 10° oder 20°. Wird nur die Oberfläche zu braun, schieben Sie das Brot eine Schiene tiefer in den Backofen oder decken Sie die Oberfläche gegen Ende mit Backpapier ab.

7 | … das Brot nicht aus der Form geht?

Fetten Sie die Backform am besten immer üppig mit weicher Butter ein; Öl und flüssiges Fett sind nicht geeignet. Streuen Sie die Form zusätzlich mit etwas Grieß aus.

8 | … Nüsse oder Früchte während des Backens auf den Boden sinken?

Mischen Sie beim nächsten Mal feste Zutaten mit etwas Mehl, bevor Sie sie unter den Teig geben. Machen Sie den Teig durch Zugabe von etwas Mehl stabiler.

Semmelauflauf

schmeckt mit würzigen Saucen

Für 4 Portionen **4 altbackene Brötchen** in kleine Würfel schneiden. **1 Zwiebel** schälen und würfeln, in **1 EL Butter** weich schmoren. **75 g Räucherspeck** würfeln, mit den Zwiebeln 1 Min. braten, mit **4 EL gehackter Petersilie, 2 Eiern (Größe M)** und **300 ml warmer Milch** gründlich vermengen und mit den Brötchenwürfeln mischen. Mit **Salz, Pfeffer** und **Muskat** abschmecken. 45 Min. ruhen lassen und noch einmal durchrühren. Den Backofen auf 180° vorheizen. Die Masse in eine gefettete Kastenform (28 cm Länge) füllen und mit wenig Öl bestreichen. Auf der mittleren Schiene ca. 30 Min. backen (Umluft 160°). Den Semmelauflauf aus der Form stürzen und zum Servieren in Scheiben schneiden. Dazu schmeckt Salat.

Brotsalat

schmeckt zu gegrilltem Fleisch

Für 4 Portionen **4–6 dicke Scheiben Ciabatta oder Baguette** in **4 EL Olivenöl** beidseitig hellbraun rösten, würfeln. **4 Tomaten** waschen, ohne Stielansatz in Scheiben schneiden. **1 gelbe Paprikaschote** putzen, waschen und in Streifen schneiden, **1/2 Salatgurke** waschen und würfeln. **1 Bund Rucola** waschen, trocken schleudern. Alle Salatzutaten mit je 50 g grünen und schwarzen Oliven sowie 4 EL Kapern mischen. **6 EL Olivenöl, 4 EL Zitronensaft, 2 EL Orangensaft, 2 EL grünes Pesto** verrühren, salzen und pfeffern. Das Dressing mit den Salatzutaten und dem Brot vermengen, mit **gehobeltem oder grob geriebenem Parmesan** bestreuen und sofort servieren.

Kirschenmichel

schmeckt mit Vanillesauce

Für 4 Portionen **400 g altbackenes Misch-
und/oder Vollkornbrot** würfeln, mit **250 ml
heißer Milch** begießen und quellen lassen.
50 g gehackte Mandeln in einer Pfanne
ohne Fett rösten. **150 g weiche Butter** mit
125 g Zucker schaumig rühren. **3 Eigelb** hinzufügen, **3 Eiweiß** steif schlagen. **1 kg Süß-
oder Sauerkirschen** putzen, waschen und
entsteinen. Buttermischung, Mandeln und
Kirschen unter die Brotmasse rühren. Zum
Schluss den Eischnee unterheben, alles in
eine gefettete Auflaufform füllen. Mit **Butter-
flöckchen, Zucker** und etwas **Zimt** bestreuen.
Im vorgeheizten Backofen bei 200° (Umluft
180°) ca. 1 Std. backen. Evtl. zum Schluss mit
Backpapier abdecken.

Brot-Käse-Auflauf

schmeckt mit gemischtem Salat

Für 4 Portionen **250–300 g altbackenes
Misch-, Roggen- oder Vollkornbrot** ohne
Rinde in ca. 1 cm große Würfel schneiden.
400 ml Brühe erhitzen und über die Brot-
würfel gießen. **200 g Bergkäse** reiben. **4 Eier
(Größe M)** trennen, Eiweiße steif schlagen.
Eingeweichte Brotwürfel mit Käse, Eigelben,
**Salz, Pfeffer, Muskat, etwas getrocknetem
Thymian** und **Rosmarin** mischen. Eischnee
unterheben und in eine eingefettete Auflauf-
form geben. Mit **125 g Bacon in Scheiben**
(Frühstücksspeck) belegen und im vorge-
heizten Backofen bei 210° auf der mittleren
Schiene ca. 40 Min. backen.

HELLE BROTE

Unter goldgelber Kruste verbirgt sich lockere Krume: Helle Brote aus überwiegend Weizen- und Dinkelmehl schmecken mit Honig und Marmelade zum Frühstück, aber auch zum herzhaften Abendessen mit Käse, Wurst und pikanten Brotaufstrichen. Mit ein paar würzigen Zutaten wie Speck, Kokos oder Kakao, Bier oder Apfelwein verwandeln sich unsere leckeren Brote in verführerische Spezialitäten.

Buttermilchzopf mit Mohn

sonntäglich fein | *Zubereitung: ca. 30 Min.* | *Ruhen: ca. 3 Std.* | *Backen: ca. 55 Min.* | *Pro 100 g: ca. 365 kcal*

Für 1 Zopf von 1 kg

Für den Vorteig:

30 g Hefe (ca. 3/4 Würfel)
1 TL Zucker
2 EL Mehl
6 EL warmes Wasser

Für den Hauptteig:

750 g Weizenmehl Type 550
1 TL Salz
1 gehäufter EL Backmalz
 (siehe S. 9)
ca. 300 ml warme Buttermilch
1 EL flüssiger Honig
1 Msp. gemahlener Safran
2 Eier (Größe M)
50 g weiche Butter

Außerdem:

Mehl zum Bearbeiten
Butter für das Backblech
1 Eigelb
2 EL Mohnsamen

1 Für den Vorteig die Hefe in ein Schälchen bröckeln und mit Zucker, Mehl und Wasser glatt rühren. Zugedeckt 1 Std. warm ruhen lassen.

2 Für den Hauptteig das Mehl in einer Schüssel mit Salz und Backmalz mischen. Die warme Buttermilch mit Honig und Safran verrühren. Die Eier in einem Gefäß verschlagen. Den Vorteig zur Mehlmischung geben und grob unterrühren. Buttermilch, Eier und Butter hinzufügen und mit dem elektrischen Knethaken oder einem Kochlöffel 3 Min. kräftig rühren.

3 Den Teig auf der bemehlten Arbeitsfläche ca. 10 Min. mit den Handballen bearbeiten. Zwischendurch immer wieder wenig Mehl einarbeiten, bis der Teig nicht mehr klebt und elastisch ist. Den Teig zu einer Kugel formen, in die mit Mehl ausgestreute Schüssel setzen und zugedeckt an einem warmen Ort ca. 1 Std. ruhen lassen, bis sich das Volumen verdoppelt hat.

4 Den Teig auf der bemehlten Arbeitsfläche kurz durchkneten, drei ca. 35 cm lange Stränge formen und zu einem Zopf flechten. Beide Enden unter den Zopf schieben. Das Backblech einfetten und den Zopf daraufsetzen. Zugedeckt an einem warmen Ort noch einmal ca. 1 Std. ruhen lassen, bis sich das Volumen verdoppelt hat.

5 Den Backofen auf 200° vorheizen (Umluft nicht geeignet). Das Eigelb mit 1 TL Wasser verrühren und den Zopf damit bestreichen. Sofort mit dem Mohn bestreuen und auf der zweiten Schiene von unten ca. 55 Min. backen. Den fertigen Zopf auf einem Kuchengitter auskühlen lassen.

Feines Kastenweißbrot

schön mild | *Zubereitung: ca. 25 Min.* | *Ruhen: ca. 23 Std.* | *Backen ca. 1 Std.* | *Pro 100 g: ca. 280 kcal*

Für 2 Brote von 700 g

Für den Vorteig:

1 TL Backferment (Reform-
  haus oder Bioladen)
2 EL Grundansatz Backferment
  (selbst angesetzt oder
  gekauft, siehe S. 9)
300 ml warmes Wasser
200 g Weizenmehl Type 550

Für den Hauptteig:

500 g Weizenmehl Type 550
150 g doppelgriffiges Mehl
  (siehe S. 7, ersatzweise
  Hartweizenmehl)
1 Pck. Trockenhefe
2 TL Salz
1 TL Zucker
1 Ei (Größe M)
1 Eigelb (Größe M)
75 g weiche Butter
ca. 350 ml warmes Wasser

Außerdem:

Plastiktüte oder Bratschlauch
Mehl zum Bearbeiten
2 Kastenformen
  (24–26 cm Länge)
Butter für die Formen
1 Eiweiß zum Bestreichen

1 Für den Vorteig das Backferment mit dem Grundansatz und dem Wasser glatt rühren. Das Mehl untermischen. Die Schüssel in einer Plastiktüte (Bratschlauch), mit einem Tuch zugedeckt, 15–20 Std. warm ruhen lassen.

2 Für den Hauptteig alle trockenen Zutaten grob mit dem Vorteig mischen. Ei und Eigelb mit der Butter zum Teig geben. Die Flüssigkeit bis auf etwa eine halbe Tasse (ca. 50 ml) dazugießen und den Teig mit dem elektrischen Knethaken oder einem Kochlöffel ca. 5 Min. kräftig rühren. Bei Bedarf noch etwas Wasser hinzufügen.

3 Die Schüssel wieder in der Plastiktüte ca. 1 Std. warm ruhen lassen, bis sich das Volumen verdoppelt hat. Die Kasten-formen einfetten. Den Teig auf die Formen verteilen. Noch einmal 2 Std. in der Plastiktüte im Warmen ruhen lassen, bis sich das Volumen verdoppelt hat.

4 Den Backofen auf 200° vorheizen (Umluft nicht geeignet). Das Eiweiß leicht anschlagen und die Teigoberfläche damit bestreichen. Die Brote einmal längs einschneiden und mit etwas Mehl bestreuen. Die Brote auf der zweiten Schiene von unten ca. 1 Std. goldgelb backen. Auf ein Kuchengitter stürzen und auskühlen lassen.

Variante mit Speck und Peperoni

Würfeln Sie **200 g Bacon** (Frühstücksspeck) und braten Sie ihn ohne Fett in einer Pfanne knusprig. Auf Küchenpapier entfetten. **100 g eingelegte milde grüne Peperoni** ebenfalls grob würfeln und trocken tupfen. **50 g gesalzene Erdnüsse** grob hacken. Alle Zutaten mischen und nach dem ersten Ruhen, evtl. mit etwas zusätzlichem Mehl, unter den Hauptteig rühren.

Kürbis-Ingwer-Brot

exotisch | *Zubereitung: ca. 30 Min.* | *Ruhen: ca. 7 Std.* | *Backen: ca. 50 Min.* | *Pro 100 g: ca. 265 kcal*

Für 1 Brot von 800 g

30 g Hefe (ca. 3/4 Würfel)
1 TL Zucker
4 EL + 300 g Weizenmehl
   Type 550
100 ml warme Milch
200 g Weizenvollkornmehl
ca. 250 ml warmes Wasser
1 TL Salz
1 EL flüssiger Honig
200 g Hokkaidokürbis
   (geputzt gewogen)
75 g frischer Ingwer

Außerdem:

Mehl zum Bearbeiten
1 Kastenform (30 cm Länge)
Butter für die Form

1 Die Hefe in eine kleine Schüssel bröckeln, mit dem Zucker, 4 EL Mehl und der warmen Milch verrühren. Den Vorteig zugedeckt ca. 3 Std. warm ruhen lassen.

2 Das restliche Mehl mit dem Hefeansatz vermischen. Wasser (bis auf ca. 50 ml), Salz und Honig mischen, dazugeben und alles 3 Min. kräftig verrühren. Evtl. noch Wasser hinzufügen. Den Teig auf der bemehlten Arbeitsfläche ca. 8 Min. kneten, in eine bemehlte Schüssel legen und zugedeckt ca. 2 Std. warm ruhen lassen.

3 Den Kürbis waschen und grob raspeln. Ingwer schälen und fein reiben. Beides unterkneten. Den Teig in die gut gefettete Form füllen und zugedeckt ca. 2 Std. warm ruhen lassen, bis sich das Volumen verdoppelt hat.

4 Den Backofen auf 210° vorheizen (Umluft nicht geeignet). Die Ofenwände mit Wasser besprühen. Das Brot auf der zweiten Schiene von unten ca. 50 Min. backen.

Kakao-Orangen-Brot

ausgefallen | *Zubereitung: ca. 25 Min.* | *Ruhen: 4 Std.* | *Backen: ca. 45 Min.* | *Pro 100 g: ca. 335 kcal*

Für 1 Brot von 800 g

30 g Hefe (ca. 3/4 Würfel)
1 TL Zucker
200 g Weizenmehl Type 550
125 ml warme Milch
100 g Hartweizengrieß
100 g gemahlene Mandeln
1 TL Salz | 50 g Kakaopulver
abgeriebene Schale von
  1 Bio-Orange
2 EL Orangenblütenhonig
ca. 250 ml warmes Wasser
100 g Orangeat

Außerdem:

Mehl zum Bearbeiten
Butter für das Backblech

1 Die Hefe mit Zucker, 100 g Mehl und der Milch glatt rühren und zugedeckt an einem warmen Ort 1 Std. ruhen lassen. Restliches Mehl, Grieß, Mandeln, Salz, Kakao und Orangenschale zum Hefeansatz geben. Honig mit Wasser mischen, bis auf ca. 50 ml zum Mehl gießen und alles ca. 3 Min. kräftig verrühren. Bei Bedarf noch etwas Flüssigkeit hinzufügen.

2 Den Teig auf der bemehlten Arbeitsfläche ca. 5 Min. zusammenschlagen, bis er nicht mehr klebt und elastisch ist. In einer Schüssel zugedeckt ca. 2 Std. ruhen lassen, bis sich das Volumen verdoppelt hat.

3 Das Orangeat unterkneten. Ein Backblech einfetten, den Teig als Kugel daraufsetzen und kreuzförmig einritzen. Zugedeckt ca. 1 Std. ruhen lassen, bis sich das Volumen verdoppelt hat. Die Oberfläche mit Wasser bestreichen. Backofen auf 210° vorheizen (Umluft nicht geeignet). Das Brot auf der zweiten Schiene von unten 40–45 Min. backen.

Helles Hausbrot

feinwürzig | *Zubereitung: ca. 25 Min.* | *Ruhen: ca. 6 Std.* | *Backen: ca. 1 Std.* | *Pro 100 g: ca. 295 kcal*

Für 1 Brot von 1,4 kg

Für den Vorteig:

42 g Hefe (1 Würfel)
1 TL Zucker
150 g flüssiger Sauerteig
  (selbst angesetzt oder
  im Beutel)
5 EL Weizenmehl Type 550
125 ml warmes Wasser

Für den Hauptteig:

700 g Weizenmehl Type 550
300 g Roggenmehl Type 997
2 TL Salz
2 EL gemahlenes Brot-
  gewürz (siehe S. 11,
  nach Belieben)
ca. 600 ml warmes Wasser

Außerdem:

Mehl zum Bearbeiten
Butter für das Backblech
1 TL Speisestärke
200 ml Wasser

1 Alle Zutaten für den Vorteig glatt rühren und zugedeckt 2 Std. warm ruhen lassen.

2 Für die Hauptteig beide Mehlsorten, Salz und Brotgewürz (falls verwendet) mit dem Vorteig mischen. Das Wasser bis auf eine halbe Tasse (ca. 50 ml) dazugießen und den Teig mit dem elektrischen Knethaken oder einem Kochlöffel ca. 3 Min. kräftig rühren, bis er sich vom Schüsselrand löst. Bei Bedarf noch etwas Wasser hinzufügen.

3 Den Teig auf der bemehlten Arbeitsfläche ca. 10 Min. lang immer wieder zusammenschlagen und mit den Handballen zusammendrücken, bis er elastisch ist. Den Teig zu einer Kugel formen und in die mit Mehl ausgestreute Schüssel legen. Zugedeckt ca. 2 Std. warm ruhen lassen, bis sich das Volumen verdoppelt hat.

4 Den Teig auf der bemehlten Arbeitsfläche mehrmals zusammenschlagen. Den Teig zu einem runden Laib formen, auf ein gefettetes Backblech legen und die Oberfläche mit feuchten Händen glatt streichen. Locker mit Alufolie abdecken und den Teig noch einmal an einem warmen Ort ca. 2 Std. ruhen lassen, bis sich das Volumen ungefähr verdoppelt hat.

5 Den Backofen auf 210° vorheizen (Umluft nicht geeignet). Die Oberfläche des Brotes rautenförmig einschneiden und mit etwas Roggenmehl bestreuen. Auf der zweiten Schiene von unten ca. 1 Std. backen. Inzwischen die Stärke mit etwas kaltem Wasser anrühren. 200 ml Wasser zum Kochen bringen, die Stärke zugeben, einmal aufkochen und etwas abkühlen lassen. Das fertige Brot auf ein Kuchengitter legen und die nicht mit Mehl bestreuten Teile sofort mit der Stärkemischung bestreichen.

Weizenvollkornbrot

ballaststoffreich | *Zubereitung: ca. 25 Min.* | *Ruhen: ca. 24 Std.* | *Backen: ca. 1 Std.* | *Pro 100 g: ca. 200 kcal*

Für 1 Brot von 1,4 kg

Für den Vorteig:

1 leicht gehäufter TL Backferment (Reformhaus oder
  Bioladen)
2 EL Grundansatz Backferment
  (selbst angesetzt oder
  gekauft, siehe S. 9)
200 g Weizenvollkornschrot
350 ml warmes Wasser

Für den Hauptteig:

600 g Weizenvollkornmehl
42 g Hefe (1 Würfel)
2 TL Salz
2 EL geschrotetes Brot-
  gewürz (siehe S. 11,
  nach Belieben)
2 EL Gerstenmalz-Extrakt
  (Reformhaus oder Bioladen)
2 EL Öl
ca. 500 ml warmes Wasser

Außerdem:

Plastiktüte oder Bratschlauch
Mehl zum Bearbeiten
1 Springform (Ø 28–30 cm)
Butter für die Form
Weizenvollkornschrot zum
  Bestreuen

1 Für den Vorteig Backferment mit Grundansatz und etwas warmem Wasser glatt rühren. Weizenschrot und restliches Wasser zufügen und gründlich mischen. Die Schüssel in eine Plastiktüte (Bratschlauch) stecken, mit einem Tuch zudecken und an einem warmen Ort 15–20 Std. ruhen lassen.

2 Für den Hauptteig das Vollkornmehl über den Vorteig geben. Die Hefe darüberbröckeln. Salz, Brotgewürz (falls verwendet), Gerstenmalz und Öl mit dem Wasser (bis auf eine halbe Tasse, ca. 50 ml) mischen. Die Mischung zum Mehl gießen und den Teig mit dem elektrischen Knethaken oder einem Kochlöffel 5 Min. kräftig rühren, bis sich der Teig vom Schüsselrand löst. Bei Bedarf noch Wasser hinzufügen.

3 Die Schüssel mit dem Teig wieder in die Plastiktüte stecken, mit dem Tuch zudecken und ca. 2 Std. warm ruhen lassen, bis sich das Volumen verdoppelt. hat.

4 Die Springform gut einfetten. Den gegangenen Teig in die Form geben, die Oberfläche mit feuchten Händen glatt streichen und mit etwas Schrot bestreuen. Alles wieder in der Plastiktüte und mit dem Tuch zugedeckt ca. 2 Std. warm ruhen lassen, bis sich das Volumen verdoppelt hat.

5 Den Backofen auf 210° vorheizen (Umluft nicht geeignet). Die Backofenwände mit Wasser besprühen oder eine Schale mit Wasser auf den Ofenboden stellen. Das Brot auf der zweiten Schiene von unten ca. 1 Std. backen. 10 Min. abkühlen lassen, dann aus der Form lösen und auf einem Kuchengitter auskühlen lassen.

Clever variieren

Für ein herzhaftes Brot können Sie **125 g fein gewürfeltes Kasseler** und **150 g gewürfelte Zwiebel** in **Öl** anbraten und nach der ersten Teigruhe unterkneten.

Mandel-
Dreikornbrot

mit Kracheffekt | *Zubereitung: ca. 25 Min.* | *Ruhen: ca. 9 Std.* | *Backen: ca. 50 Min.* | *Pro 100 g: ca. 335 kcal*

Für 1 Brot von 900 g

Für den Vorteig:

30 g Hefe (ca. 3/4 Würfel)
1 TL Zucker
100 g Weizenmehl Type 550
75 g flüssiger Sauerteig (selbst
   angesetzt oder im Beutel)
100 ml warmes Wasser

Für den Hauptteig:

100 g Weizenmehl Type 550
100 g Hafergrütze
100 g Roggenvollkornschrot
100 g Weizenvollkornschrot
1 TL Salz
1 EL flüssiger Honig
2 EL gemahlenes Brot-
   gewürz (siehe S. 11,
   nach Belieben)
ca. 300 ml warmes Wasser
150 g Rauch- oder Salzmandeln

Außerdem:

Mehl zum Bearbeiten
1 Kastenform (28 cm Länge)
Butter für die Backform
1 Eiweiß
2 EL Haferflocken

1 Für den Vorteig die Hefe in eine Schüssel bröckeln, Zucker, Mehl, Sauerteig und warmes Wasser dazugeben und gut verrühren. Die Schüssel zudecken und an einem warmen Ort 3 Std. ruhen lassen.

2 Für den Hauptteig das Mehl mit Hafergrütze, Roggen- und Weizenschrot zum Vorteig geben und alles grob mischen. Salz, Honig und Brotgewürz (falls verwendet) mit 200 ml warmem Wasser mischen und darübergießen. Den Teig mit dem elektrischen Knethaken oder einem Kochlöffel ca. 8 Min. kräftig rühren. Bei Bedarf weiteres Wasser oder Mehl dazugeben. Die Schüssel zudecken und an einem warmen Ort ca. 3 Std. ruhen lassen, bis sich das Volumen verdoppelt hat.

3 Die Backform einfetten. Die Mandeln unterarbeiten und den Teig in die Backform füllen. Aus Alufolie eine Art Haube formen und die Form damit zudecken. Den Teig an einem warmen Ort noch einmal ca. 3 Std. ruhen lassen, bis sich das Volumen verdoppelt hat.

4 Den Backofen auf 210° vorheizen (Umluft nicht geeignet). Das Eiweiß leicht anschlagen, die Teigoberfläche damit bestreichen, mit einem scharfen Messer längs einschneiden und mit Haferflocken bestreuen. Die Wände des Backofens mit Wasser besprühen oder eine Schale mit Wasser auf den Ofenboden stellen. Das Brot auf der zweiten Schiene von unten ca. 50 Min. backen, dann auf ein Kuchengitter stürzen und auskühlen lassen.

Sonnenblumenbrot

kernig | *Zubereitung: ca. 25 Min.* | *Ruhen: ca. 3 Std.* | *Backen: ca. 45 Min.* | *Pro 100 g: ca. 345 kcal*

Für 1 Brot von 850 g

100 g Sonnenblumenkerne
250 g Weizenmehl Type 550
250 g Hartweizenmehl (ersatzweise Hartweizengrieß)
2 gehäufte EL Backmalz
   (siehe S. 9)
30 g Hefe (ca. 3/4 Würfel)
1 TL Zucker
1 TL Trockensauerteig
1 TL Salz
ca. 300 ml warmer Kefir
3 EL Sonnenblumenöl

Außerdem:

Mehl zum Bearbeiten
Butter für das Backblech

Besonders clever!

Für ein **schnelles Brot** können Sie alle Zutaten auf einmal mit 400 ml (statt 300 ml) Kefir verrühren, den Teig in eine gefettete Form geben und 45 Min. an einem warmen Ort gehen lassen. Die Backzeit beträgt ca. 40 Min. bei 220°.

1 Die Sonnenblumenkerne in einer Pfanne ohne Fett bei mittlerer Hitze anrösten und abkühlen lassen. Beide Mehlsorten in einer Schüssel mit Backmalz mischen. Die Hefe darüberbröckeln. Zucker, Trockensauerteig und Salz dazugeben. Den Kefir bis auf eine halbe Tasse (ca. 50 ml) mit dem Öl verrühren und darübergießen. Den Teig mit dem elektrischen Knethaken oder einem Kochlöffel ca. 3 Min. kräftig rühren. Bei Bedarf etwas Kefir hinzufügen.

2 Den Teig auf der bemehlten Arbeitsplatte von links nach rechts, von rechts nach links, von vorn nach hinten und von hinten nach vorn zusammenschlagen und mit den Handballen zusammendrücken. Den Teig wenden und diesen Vorgang ca. 8 Min. lang wiederholen, bis er nicht mehr klebt und elastisch ist. Zwischendurch bei Bedarf wenig Mehl hinzufügen. Den Teig zur Kugel formen und in die mit Mehl ausgestreute Schüssel legen. Zugedeckt an einem warmen Ort ca. 2 Std. ruhen lassen, bis sich das Volumen verdoppelt hat.

3 Den Teig noch einmal auf der bemehlten Arbeitsfläche zusammenschlagen, die gerösteten Sonnenblumenkerne einarbeiten und eine glatte Kugel formen. Ein Backblech einfetten und die Teigkugel daraufsetzen. Die Teigoberfläche mit einem scharfen Messer sternförmig einritzen und dünn mit etwas Mehl bestäuben. Mit einer Haube aus Alufolie zudecken und den Teig noch einmal ca. 1 Std. ruhen lassen, bis sich das Volumen verdoppelt hat.

4 Den Backofen auf 210° vorheizen (Umluft nicht geeignet). Das Brot auf der zweiten Schiene von unten ca. 45 Min. backen und auf einem Kuchengitter auskühlen lassen.

Bierbrot
aus dem Wok

No-knead-Bread | *Zubereitung: 30 Min.* | *Ruhen: ca. 22 Std.* | *Backen: ca. 40 Min.* | *Pro 100 g: ca. 285 kcal*

Für 1 Brot von 650 g

30 g Hefe (ca. 3/4 Würfel)
1 TL Zucker
ca. 330 ml warmes Wasser
200 g Mehl Tipo 00 oder
  Pasta- und Pizzamehl
  (siehe S. 7)
300 g Weizenmehl Type 550
1 TL Salz
1 gehäufter EL Baguetteback
  (siehe S. 9)
1 TL gemahlener Kümmel
  (nach Belieben)
ca. 150 ml warmes Bier
  (Pils oder Helles)

Außerdem:

Mehl zum Bearbeiten
1 kleiner Wok (Ø 28–30 cm)
Backpapier

Besonders clever!
Wer keinen ofenfesten Wok besitzt, behilft sich mit einem **Bräter** oder einer **Auflaufform**. Wichtig ist bei allen Gefäßen, dass sie gut mit Backpapier ausgekleidet werden.

1 Die Hefe in ein Schälchen bröckeln, mit dem Zucker und 4 EL Wasser glatt rühren und 10 Min. ruhen lassen.

2 Beide Mehlsorten mit Salz, Baguetteback und dem Hefeansatz in einer Schüssel grob mischen. Den Kümmel mit dem restlichen Wasser und dem Bier verrühren.

3 Die Flüssigkeit bis auf eine halbe Tasse (ca. 50 ml) zu dem Mehl gießen und mit dem elektrischen Knethaken oder einem Kochlöffel nicht länger als 1 Min. mischen. Bei Bedarf noch etwas Flüssigkeit hinzufügen. Die Schüssel mit Frischhaltefolie abdecken und an einem nicht zu warmen Ort (z. B. Keller oder Speisekammer) 15–20 Std. ruhen lassen.

4 Die Arbeitsfläche dick mit Mehl bestreuen und den weichen Teig mit einem Teigschaber aus der Schüssel daraufgeben, ca. 5 Min. lang immer wieder zusammenfalten, aber nicht kneten (**Bild 1**).

5 Den Wok sehr großzügig mit Backpapier auslegen und den Teig hineinsetzen. Aus Alufolie eine Haube formen und den Wok damit abdecken (**Bild 2**). Den Teig an einem warmen Ort ca. 2 Std. ruhen lassen, bis sich das Volumen verdoppelt hat.

6 Den Backofen auf 250° vorheizen (Umluft nicht geeignet). Die Teigoberfläche kreuzförmig einschneiden (**Bild 3**) und mit etwas Mehl bestreuen. Überstehendes Backpapier abschneiden. Das Brot auf der untersten Schiene ca. 40 Min. backen, dann herausnehmen und das Papier entfernen. Ist die Unterseite noch sehr hell, das Brot umgekehrt noch einmal auf dem Rost in dem abgeschalteten Ofen ca. 10 Min. nachbacken. Auf einem Kuchengitter auskühlen lassen.

Apfelbrot

schnell und fruchtig
Zubereitung: ca. 25 Min. | Ruhen: ca. 30 Min.
Backen: ca. 35 Min. | Pro 100 g: ca. 425 kcal

Für 1 Brot von 500 g

350 g Dinkelmehl Type 630
1 TL Backpulver | 1 Pck. Trockenhefe
1/2 TL Salz | 2 EL Zucker
etwas Zimt | 75 g flüssige Butter
ca. 200 ml warmes Wasser | 2 Äpfel

Außerdem:

Mehl zum Bearbeiten | 1 Kastenform
(28 cm Länge) | Butter für die Form

1 Das Mehl in einer Schüssel mit Backpulver, Trockenhefe, Salz, Zucker und Zimt mischen. Die flüssige Butter mit dem Wasser (bis auf eine halbe Tasse, ca. 50 ml) zum Mehl geben und mit dem elektrischen Knethaken oder einem Kochlöffel ca. 5 Min. rühren, bis sich der Teig vom Schüsselrand löst. Bei Bedarf noch Wasser hinzufügen.

2 Die Äpfel nach Belieben schälen, ohne Kerngehäuse grob raspeln und unterrühren. Form fetten und Teig hineinfüllen. Zugedeckt 30 Min. warm ruhen lassen, bis sich das Volumen verdoppelt hat.

3 Den Backofen auf 220° vorheizen (Umluft nicht geeignet). Das Brot auf der zweiten Schiene von unten 30–35 Min. backen. Etwas abkühlen lassen, dann aus der Form stürzen und auf einem Kuchengitter vollständig auskühlen lassen.

Backpflaumenbrot

schmeckt Kindern
Zubereitung: ca. 30 Min. | Ruhen: ca. 40 Min.
Backen: ca. 40 Min. | Pro 100 g: ca. 350 kcal

Für 1 Brot von 1 kg

350 g Weizenmehl Type 550 | 30 g Hefe
1 TL Zucker | 3 EL warmes Wasser
150 g Hartweizengrieß | 1 TL Salz
1/4 TL Zimt | ca. 250 ml warme Milch
50 g weiche Butter | 2 Eier (Größe M)
150 g weiche, entsteinte Backpflaumen
100 g Walnusskerne

Außerdem:

Mehl zum Bearbeiten | 1 Kastenform
(28 cm Länge) | Butter für die Form

1 Mehl in eine Schüssel geben, Hefe in eine Mulde hineinbröckeln, mit Zucker, Wasser und etwas Mehl glatt rühren. Zugedeckt 10 Min. ruhen lassen.

2 Grieß mit Salz, Zimt und Milch (bis auf eine halbe Tasse, ca. 50 ml) untermischen. Butter und Eier zufügen und ca. 8 Min. kräftig rühren, bis sich der Teig vom Rand löst. Bei Bedarf noch Milch hinzufügen.

3 Backpflaumen und Nüsse grob hacken, mit Mehl bestäuben und unter den Teig arbeiten. Die Form einfetten, den Teig einfüllen und zugedeckt warm 30 Min. ruhen lassen, bis sich das Volumen verdoppelt hat. Den Backofen auf 210° vorheizen (Umluft nicht geeignet). Das Brot auf der zweiten Schiene von unten ca. 40 Min. backen.

Dinkelvollkornbrot

vollwertig | *Zubereitung: ca. 30 Min.* | *Ruhen: ca. 18 Std.* | *Backen: ca. 55 Min.* | *Pro 100 g: ca. 370 kcal*

Für 1 Brot von 1 kg

Für den Vorteig:

15 g Hefe (ca. 1/3 Würfel)
1 TL Zucker
75 g flüssiger Sauerteig (selbst
   angesetzt oder im Beutel)
100 g Dinkelmehl Type 630
100 ml warmes Wasser

Für den Hauptteig:

200 g Dinkelmehl Type 630
300 g Dinkelvollkornmehl
2 TL Salz
ca. 350 ml warmes Wasser
2 EL Öl
2 EL Gerstenmalz-Extrakt
   (Reformhaus oder Bioladen)
2 EL ungemahlenes Brot-
   gewürz (siehe S. 11,
   nach Belieben)
50 g Sesamsamen
50 g Leinsamen
100 g Sonnenblumenkerne

Außerdem:

Mehl zum Bearbeiten
1 Kastenform (30 cm Länge)
Butter für die Form

1 Für den Vorteig die Hefe in eine Schüssel bröckeln. Zucker, Sauerteig und Mehl hinzufügen, alles mit dem warmen Wasser glatt rühren. Die Schüssel mit Frischhaltefolie zudecken und ca. 12 Std. (über Nacht) im Kühlschrank ruhen lassen. Danach den Vorteig 1–2 Std. in der warmen Küche Raumtemperatur annehmen lassen.

2 Für den Hauptteig die Mehlsorten und das Salz zum Vorteig geben und grob mischen. Das warme Wasser bis auf eine halbe Tasse (ca. 50 ml) mit Öl, Gerstenmalz und Brotgewürz (falls verwendet) mischen und dazugießen. Den Teig mit dem elektrischen Knethaken oder einem Kochlöffel 5 Min. kräftig rühren. Bei Bedarf noch etwas Mehl oder Wasser hinzufügen. Zugedeckt an einem warmen Ort ca. 2 Std. ruhen lassen, bis sich das Volumen verdoppelt hat.

3 Den Teig einmal kurz zusammenschlagen. Sesam, Leinsamen und Sonnenblumenkerne einarbeiten. Die Kastenform einfetten, den Teig einfüllen und glatt streichen. Mit einem scharfen Messer längs einmal einschneiden. Zugedeckt an einem warmen Ort ca. 2 Std. ruhen lassen, bis sich das Volumen verdoppelt hat.

4 Den Backofen auf 210° vorheizen (Umluft nicht geeignet). Die Teigoberfläche mit etwas Wasser besprühen. Die Backofenwände ebenfalls mit etwas Wasser besprühen oder eine ofenfeste Schale mit Wasser auf den Ofenboden stellen. Das Brot auf der zweiten Schiene von unten ca. 55 Min. backen, dann aus der Form stürzen und auf einem Kuchengitter auskühlen lassen.

Grünkernfladen mit Apfelwein

ausgefallen | *Zubereitung: ca. 35 Min.* | *Ruhen: ca. 2 Std.* | *Backen: ca. 35 Min.* | *Pro 100 g: ca. 280 kcal*

Für 1 Brot von 1,1 kg

Für den Vorteig:

150 g Sauerteig (selbst
   angesetzt oder im Beutel)
1 Pck. Trockenhefe
1 TL Zucker
100 g Grünkernvollkornmehl
   (Reformhaus; ersatzweise
   Dinkelvollkornmehl)
125 ml warmes Wasser

Für den Hauptteig:

100 g Grünkern (ganze Körner)
300 ml milde Gemüsebrühe
1 fester Apfel
300 g Dinkelmehl Type 630
100 g Weizenvollkornschrot
1 gehäufter EL Baguetteback
   (siehe S. 9)
ca. 300 ml Apfelwein oder Cidre
1 1/2 TL Salz | 2 EL Öl

Außerdem:

Mehl zum Bearbeiten
Öl für die Schüssel
Butter für das Backblech

Besonders clever!

Sie können den sehr weichen
Teig auch ca. 45 Min. in einer
gefetteten **Kasten- oder Springform** backen.

1 Für den Vorteig den Sauerteig mit Trockenhefe, Zucker
und Grünkernvollkornmehl sowie dem warmen Wasser
glatt rühren. Die Mischung zugedeckt an einem warmen
Ort 1 Std. ruhen lassen.

2 Für den Hauptteig den Grünkern in der Gemüsebrühe
25 Min. garen und in ein Sieb abgießen. Den Apfel schälen
und ohne Kerngehäuse grob dazuraspeln. Die Grünkern-
Apfel-Mischung in dem Sieb abkühlen lassen. Das Dinkelmehl zum Vorteig geben, mit Weizenvollkornschrot und
Baguetteback grob mischen. Den Apfelwein mit Salz und
Öl verrühren.

3 Die Flüssigkeit bis auf eine halbe Tasse (ca. 50 ml) zum Mehl
gießen und den Teig mit dem elektrischen Knethaken oder
einem Kochlöffel ca. 10 Min. kräftig rühren. Die Grünkern-
Apfel-Mischung unterkneten. Bei Bedarf noch Flüssigkeit
oder Mehl hinzufügen.

4 Eine Schüssel mit Öl ausstreichen und ein Backblech einfetten. Den weichen Teig in die Schüssel legen und die
Oberfläche mit eingeölten Händen glatt streichen. Aus Alufolie eine Haube formen und so damit abdecken, dass der
aufgehende Teig die Folie nicht berührt. Den Teig an einem
warmen Ort ca. 1 Std. ruhen lassen, bis sich das Volumen
verdoppelt hat.

5 Den Backofen auf 230° vorheizen (Umluft nicht geeignet).
Den gegangenen Teig aus der Schüssel vorsichtig aufs
Backblech stürzen und die Teigoberfläche mit etwas Mehl
bestreuen. Die Wände des Backofens mit Wasser besprühen und das Brot im Ofen auf der zweiten Schiene von
unten ca. 20 Min. backen. Die Backofenwände noch einmal
besprühen und das Brot weitere 15 Min. backen. Das fertige
Brot auf einem Kuchengitter auskühlen lassen.

Schinkenbrot

herzhaft | *Zubereitung: ca. 30 Min.* | *Ruhen: ca. 1 Std. 10 Min.* | *Backen: ca. 40 Min.* | *Pro 100 g: ca. 250 kcal*

Für 1 Brot von 1 kg

Für den Vorteig:

30 g glutenfreie Hefe
  (ca. 3/4 Würfel;
  siehe S. 125)
1 TL Zucker
4 EL warmes Wasser

Für den Hauptteig:

500 g glutenfreies helles Mehl
  (siehe S. 7)
ca. 650 ml warmes Wasser
4 EL Öl
1 EL getrockneter Majoran
  (nach Belieben)
1 TL Salz
100 g roher Schinken
  (ohne Fettrand)

Außerdem:

1 Kranzform (Ø 28 cm)
Butter für die Form

1 Für den Vorteig die Hefe in ein Schälchen bröckeln und mit Zucker und warmem Wasser glatt rühren. Zugedeckt 10 Min. ruhen lassen.

2 Für den Hauptteig das Mehl in eine Schüssel geben und grob mit dem Vorteig mischen.

3 Das warme Wasser bis auf eine halbe Tasse (ca. 50 ml) mit Öl, Majoran und Salz verrühren. Die Flüssigkeit zum Mehl gießen und den Teig mit dem elektrischen Knethaken oder einem Kochlöffel ca. 5 Min. kräftig rühren. Bei Bedarf noch etwas Mehl oder Flüssigkeit zum Teig geben.

4 Die Schüssel zugedeckt an einem warmen Ort ca. 30 Min. ruhen lassen, bis sich das Teigvolumen verdoppelt hat. Den Schinken würfeln und unter den weichen Teig rühren. Die Form einfetten und den Teig einfüllen. Aus Alufolie eine Haube bilden und die Form so damit zudecken, dass der Teig beim Aufgehen die Folie nicht berührt. Den Teig noch einmal an einem warmen Ort ca. 30 Min. ruhen lassen, bis sich das Volumen verdoppelt hat.

5 Den Backofen auf 230° vorheizen (Umluft nicht geeignet). Die Wände mit etwas Wasser besprühen oder eine Schale mit Wasser auf den Ofenboden stellen. Das Brot auf der zweiten Schiene von unten 10 Min. backen. Die Temperatur auf 210° verringern und das Brot weitere 30 Min. backen. Das fertige Brot aus der Form stürzen und auf einem Kuchengitter abkühlen lassen.

Clever variieren

Geben Sie diesem hellen Brot durch Knoblauch einen besonders rustikalen Geschmack: Dazu **3 Knoblauchzehen** schälen und fein würfeln. In wenig **Öl** leicht rösten und abgekühlt mit **2 EL getrocknetem Thymian** unter den Teig mischen.

Kokosbrot

fein zum Brunch
Zubereitung: ca. 20 Min. | *Ruhen: 4 Std.*
Backen: ca. 50 Min. | *Pro 100 g: ca. 340 kcal*

Für 1 Brot von 750 g

100 g Buchweizen(vollkorn)mehl
250 g glutenfreies helles Mehl (siehe S. 7)
1 Pck. glutenfreie Trockenhefe (siehe S. 125)
1 TL Salz | 150 g Kokosmilch (Dose)
ca. 250 ml warmes Wasser | 2 EL Rübensirup
2 EL Öl | 1 Ei (Größe M) | 100 g Kokosraspel

Außerdem:

Mehl zum Bearbeiten | 1 Kastenform
(28 cm Länge) | Butter für die Form

1 Die beiden Mehlsorten mit der Trockenhefe
mischen. Salz, Kokosmilch, Wasser (bis auf
eine halbe Tasse, ca. 50 ml), Rübensirup und
Öl verrühren. Das Ei trennen.

2 Flüssigkeit zum Mehl gießen und den Teig
5 Min. rühren. Bei Bedarf noch Wasser hinzufügen. Das Eigelb und die Kokosraspel bis
auf 2 EL untermischen. Den Teig zugedeckt
ca. 2 Std. warm ruhen lassen.

3 Die Form fetten. Den Teig zusammenschlagen, hineingeben und zugedeckt ca. 2 Std.
warm ruhen lassen, bis sich das Volumen
verdoppelt hat. Backofen auf 200° vorheizen (Umluft nicht geeignet). Das Brot
mit Eiweiß bestreichen, mit den restlichen
Kokosraspeln bestreuen und auf der zweiten Schiene von unten ca. 50 Min. backen.
Herausnehmen und auskühlen lassen.

Zwiebelbrot

leicht süßlich
Zubereitung: ca. 20 Min. | *Ruhen: ca. 2 Std. 15 Min.*
Backen: ca. 40 Min. | *Pro 100 g: ca. 190 kcal*

Für 1 Brot von 850 g

30 g glutenfreie Hefe (ca. 3/4 Würfel,
siehe S. 125) | 1 TL Zucker | 6 EL +
ca. 125 ml warmes Wasser | 200 g Zwiebeln
1 EL Butter | 75 g gegarte Pellkartoffeln
(mehligkochende Sorte) | 1 TL Salz | gerie-
bene Muskatnuss | 4 EL Öl | 2 Eier (Größe M)
75 g gelbes Maismehl | 75 g Reismehl
75 g Buchweizen(vollkorn)mehl

Außerdem:

Maismehl zum Bearbeiten | 1 Kastenform
(28 cm Länge) | Butter für die Form

1 Hefe mit Zucker und 6 EL Wasser glatt rühren. Zugedeckt 15 Min. ruhen lassen. Zwiebeln schälen und fein würfeln. In einer Pfanne in der Butter leicht bräunen. Kartoffeln
schälen und fein reiben. Mit Salz, Muskatnuss, Öl und Eiern mischen.

2 Die Mehlsorten nacheinander untermischen. Hefeansatz und restliches Wasser
(bis auf 50 ml, mehr bei Bedarf) unterrühren. Zwiebeln untermischen.

3 Teig in die gefettete Form füllen und zugedeckt ca. 2 Std. warm bis zum doppel-
ten Volumen gehen lassen. Ofen auf
210° vorheizen (Umluft nicht geeignet).
Das Brot auf der zweiten Schiene von unten
ca. 40 Min. backen.

Kartoffelbrötchen

fürs Sonntagsfrühstück
Zubereitung: ca. 35 Min. | *Ruhen: ca. 2 Std. 30 Min.* | *Backen: ca. 30 Min.* | *Pro Stück: ca. 160 kcal*

Für 12 Brötchen

Für den Vorteig:

20 g Hefe (ca. 1/2 Würfel)
1 TL Zucker
5 EL Weizenmehl Type 550
125 ml warme Milch

Für den Hauptteig:

280 g gegarte Pellkartoffeln
(mehligkochende Sorte)
250 g Weizenmehl Type 550
50 g Hartweizenmehl oder
Hartweizengrieß
1 TL Salz
1 gehäufter EL Baguetteback
(siehe S. 9)
ca. 125 ml warmes Wasser
1 EL Öl
1 Ei (Größe M)
frisch geriebene Muskatnuss

Außerdem:

Mehl zum Bearbeiten
Butter für das Backblech
1 Ei (Größe M) zum Bestreichen
Kümmel (nach Belieben)

1 Die Hefe in eine Schüssel bröckeln, mit Zucker, Mehl und Milch glatt rühren und zugedeckt 30 Min. ruhen lassen.

2 Für den Hauptteig die Kartoffeln schälen. Falls sie noch heiß sind, durch die Presse drücken und abkühlen lassen (kalte Kartoffeln können Sie auch fein reiben). Die beiden Mehlsorten mit Salz, Baguetteback und dem Vorteig grob mischen. Das Wasser bis auf eine halbe Tasse (ca. 50 ml) mit dem Öl mischen und die Flüssigkeit zum Mehl gießen. Den Teig mit dem elektrischen Knethaken oder einem Kochlöffel ca. 5 Min. kräftig rühren, bis er sich vom Schüsselrand löst.

3 Die Kartoffeln mit Ei und Muskatnuss mischen und mit dem Knethaken oder Kochlöffel unter den Teig arbeiten. Bei Bedarf noch Wasser hinzufügen. Den weichen Teig zugedeckt an einem warmen Ort ca. 1 Std. ruhen lassen, bis sich das Volumen verdoppelt hat.

4 Zwei Bleche einfetten. Den Teig kurz zusammenschlagen. Falls er noch sehr weich ist, ein wenig zusätzliches Mehl einarbeiten. Mit zwei Esslöffeln jeweils sechs Häufchen auf die Backbleche setzen. Das Ei mit etwas Wasser verrühren, die Brötchen damit bestreichen und nach Belieben mit Kümmel, sonst mit Mehl bestreuen. Offen ca. 1 Std. ruhen lassen, bis sich das Volumen verdoppelt hat.

5 Den Backofen auf 210° vorheizen (Umluft nicht geeignet). Die Brötchen nacheinander auf der mittleren Schiene erst 8 Min., weitere 22 Min. bei 190° backen. Herausnehmen, auf einem Kuchengitter auskühlen und noch einige Stunden ruhen lassen. So schmecken sie am besten.

Kaiserbrötchen

fein | Zubereitung: ca. 35 Min. | Ruhen: ca. 2 Std. 30 Min. | Backen: ca. 30 Min. | Pro Stück: ca. 210 kcal

Für 10 Brötchen

Für den Vorteig:

30 g Hefe (ca. 3/4 Würfel)
200 g Weizenmehl Type 550
1 TL Zucker
300 ml warmes Wasser

Für den Hauptteig:

300 g Weizenmehl Type 550
1 TL Salz
30 g flüssige Butter
1 gehäufter EL Baguetteback
  (siehe S. 9)

Außerdem:

Mehl zum Bearbeiten
Butter für das Backblech

1 Für den Vorteig die Hefe in eine Schüssel bröckeln und mit Mehl, Zucker und Wasser glatt rühren. Zugedeckt 1 Std. ruhen lassen.

2 Alle Zutaten für den Hauptteig mit dem Vorteig mischen und mit dem elektrischen Knethaken oder einem Kochlöffel ca. 3 Min. kräftig rühren. Den Teig auf der bemehlten Arbeitsfläche ca. 10 Min. kneten, in der Schüssel zugedeckt ca. 30 Min. ruhen lassen.

3 Das Blech einfetten. Zehn runde Brötchen formen und daraufsetzen, sternförmig einschneiden und mit Mehl bestreuen. Zugedeckt ca. 1 Std. warm ruhen lassen, bis sich das Volumen verdoppelt hat. Den Ofen auf 210° vorheizen (Umluft nicht geeignet). Die Brötchen großzügig mit Wasser besprühen und im heißen Backofen auf der mittleren Schiene ca. 30 Min. backen.

Partystangen

für Gäste | *Zubereitung: ca. 30 Min.* | *Ruhen: ca. 3 Std.* | *Backen: ca. 30 Min.* | *Pro Stück: ca. 175 kcal*

Für 12 Stangen

30 g Hefe (ca. 3/4 Würfel)
1 TL Zucker
50 g Weizenmehl Type 405
ca. 350 ml warmes Wasser
350 g Weizenmehl Type 550
100 g Spätzle- oder Pastamehl
1 TL Salz

Außerdem:

Mehl zum Bearbeiten
Butter für die Backbleche
1 Eigelb
je 1 EL Kümmel-, Sesam-,
  Lein- und Mohnsamen
  sowie geriebener Käse zum
  Bestreuen

1 Hefe mit Zucker, Weizenmehl Type 405 und 100 ml Wasser glatt rühren, zugedeckt ca. 1 Std. warm ruhen lassen.

2 Die restlichen Mehlsorten mit Salz zum Vorteig geben. Das übrige Wasser bis auf eine halbe Tasse (ca. 50 ml) dazugießen und kräftig rühren, bis sich der Teig vom Schüsselrand löst. Bei Bedarf noch Flüssigkeit oder Mehl hinzufügen. Den Teig zugedeckt ca. 1 Std. warm ruhen lassen, bis sich das Volumen verdoppelt hat. Dann den Teig einmal zusammenschlagen, zwölf Stangen formen, auf zwei gefettete Bleche verteilen und zugedeckt ca. 1 Std. warm ruhen lassen.

3 Den Backofen auf 210° vorheizen (Umluft nicht geeignet). Das Eigelb mit etwas Wasser verrühren, die Stangen damit bestreichen und nach Belieben bestreuen. 1/3 Glas Wasser auf den Ofenboden gießen und das erste Blech auf die mittlere Schiene schieben. Sofort die Hitze auf 190° herunterschalten und die Stangen ca. 30 Min. backen. Mit dem zweiten Blech ebenso verfahren.

Thunfischcreme

passt zu Weißbrot und kaltem Braten

Für 4–6 Portionen **1 Eigelb** verrühren.
4–6 EL Olivenöl erst tropfenweise, dann
im dünnen Strahl unter Rühren dazugeben
und cremig aufschlagen. Die Mayonnaise
mit **1 TL Sardellenpaste**, **2 EL Zitronensaft**
und **1 TL Senf** verrühren. **1 Dose Thunfisch
naturell (185 g)** abgießen. **1 Knoblauchzehe** schälen und fein hacken. Thunfisch,
2 EL Sahne und Knoblauch mit dem Mixstab
pürieren. Mit der Mayonnaise mischen und
mit **Salz**, **Pfeffer** und **Zucker** abschmecken.
Nach Belieben durch ein feines Sieb streichen.
Die Creme vor dem Servieren mit **2 EL kleinen
Kapern** (Nonpareilles) und **1 EL gehackter
Petersilie** bestreuen.

Frischkäsecreme mit Pesto

passt zu Brot und gegrilltem Gemüse

Für 4–6 Portionen **175 g Frischkäse** mit
2 EL Olivenöl glatt rühren. **1 Bund Basilikum**
waschen, trocken schütteln, Blätter abzupfen, mit **Salz** und **Pfeffer** mit dem Pürierstab pürieren. **2 Knoblauchzehen** schälen,
35 g Parmesan fein reiben. Beides zum Basi-
likummus geben und noch einmal aufmixen.
Das Pesto mit dem Frischkäse verrühren, mit
etwas **Zitronensaft** und **Zucker** abschmecken.
3 EL Pinienkerne in einer Pfanne ohne Fett
leicht rösten und grob hacken. Bis auf einen
Löffel zur Käsecreme geben und untermischen. Die Creme in ein Schälchen füllen, mit
den restlichen Pinienkernen bestreuen und
mit ein paar Tropfen **Olivenöl** beträufeln.

Bananen-Schoko-Creme

schmeckt Kindern

Für 4 Portionen **2 Bananen** mit einer Gabel zerdrücken und in einer Schüssel mit **2 EL Zitronensaft** und **1 EL Steviapulver** (ersatzweise feinem Zucker oder flüssigem Honig) verrühren. **50 g dunkle Schokolade** (60–70 % Kakaoanteil) nicht zu fein hacken und mit dem Bananenmus verrühren. **35 g gehackte Mandeln** in einer Pfanne ohne Fett rösten, bis sie duften, abkühlen lassen und zum Schluss unter die Creme rühren. Den Aufstrich sofort servieren.

Himbeercreme

besonders fein auf Quarkbrot

Für 4 Portionen **200 g frische oder TK-Himbeeren** (aufgetaut) mit **1 EL Zitronensaft** und **2 gestrichenen EL Steviapulver** (ersatzweise feinem Zucker) mit einer Gabel zerdrücken und verrühren. **1 Blatt Gelatine** 5 Min. in kaltem Wasser einweichen. Leicht ausdrücken, in einem kleinen Topf bei kleiner Hitze auflösen und sofort mit den Himbeeren verrühren. Mindestens 3 Std. kühl stellen.

Clever variiert

Für Heidelbeeraufstrich **150 g Heidelbeeren (frisch oder TK, aufgetaut)** mit etwas Wasser aufkochen, dann abkühlen lassen. Wie oben beschrieben mit **Gelatine, 3 EL feinem Zucker, 3 EL Zitronensaft** verrühren. 3 Std. kühl stellen.

DUNKLE BROTE

Hier kommen die Gelassenen! Bei Broten mit Roggenmehl oder vollem Korn sorgen Sauerteig und Backferment für kräftigen, herzhaften Geschmack. Dazu möchte der Teig seine Ruhe haben – und zwar je länger, je lieber. Backt das Brot aber erst einmal im Ofen, ist Schluss mit Geduld: Der tolle Duft macht Lust aufs Sofort-Anschneiden!

Bauernbrot

rustikal | *Zubereitung: 25 Min.* | *Ruhen: ca. 4 Std.* | *Backen: ca. 55 Min.* | *Pro 100 g: ca. 260 kcal*

Für 1 Brot von 1,3 kg

Für den Vorteig:

42 g Hefe (1 Würfel)
1 TL Zucker
150 ml warmes Wasser
150 g Sauerteig (selbst
  angesetzt oder im Beutel)
100 g Weizenmehl Type 550

Für den Hauptteig:

350 g Roggenmehl Type 1150
200 g Weizenmehl Type 1050
100 g Roggenvollkornschrot
2 TL Salz
1 EL gemahlenes Brotgewürz
  (siehe S. 11)
1 EL Gerstenmalz-Extrakt
  (Reformhaus oder Bioladen)
ca. 500 ml warmes Wasser

Außerdem:

Mehl zum Bearbeiten
je 1 EL Lein-, Sesam- und
  Mohnsamen zum Bestreuen
1 längliches Gärkörbchen
  (nach Belieben)
Butter für das Backblech

1 Für den Vorteig die Hefe in einer Schüssel mit Zucker, Wasser, Sauerteig und Mehl gut verrühren. Zugedeckt 2 Std. warm ruhen lassen.

2 Für den Hauptteig Mehle und Schrot grob mit dem Vorteig mischen. Salz, Brotgewürz und Gerstenmalz mit dem Wasser (bis auf eine halbe Tasse, ca. 50 ml) verrühren und dazugießen. Den Teig mit dem elektrischen Knethaken oder Kochlöffel ca. 5 Min. rühren. Bei Bedarf noch Wasser oder Mehl hinzufügen.

3 Den Teig auf der bemehlten Arbeitsfläche ca. 10 Min. lang zusammenschlagen und -drücken, dann zur Kugel formen und in eine bemehlte Schüssel setzen. Zugedeckt ca. 1 Std. warm ruhen lassen, bis sich das Volumen verdoppelt hat.

4 Den Teig auf der Arbeitsfläche noch einmal zusammenschlagen und einen länglichen Laib formen. Die Oberfläche mit Wasser bestreichen und mit den Samen bestreuen, etwas andrücken. Den Gärkorb (falls verwendet) gut mit Mehl ausstreuen. Den Teig mit der bestreuten Fläche nach unten hineinsetzen. Zugedeckt an einem warmen Ort ca. 1 Std. ruhen lassen, bis sich das Volumen verdoppelt hat (ohne Gärkorb den Laib auf dem eingefetteten Blech ruhen lassen und mit einer Haube aus Alufolie bedecken).

5 Den Backofen auf 240° vorheizen (Umluft nicht geeignet). Den Teig vorsichtig auf ein gefettetes Backblech stürzen. Die Ofenwände mit Wasser besprühen oder eine Schale mit Wasser auf den Ofenboden stellen. Das Brot auf der zweiten Schiene von unten 10 Min. backen. Dann die Temperatur auf 210° verringern und das Brot in 40–45 Min. fertig backen.

Schrot-und-Korn-Brot

kernig | *Zubereitung: ca. 30 Min.* | *Ruhen: ca. 10 Std.* | *Backen. ca. 1 Std. 30 Min.* | *Pro 100 g: ca. 245 kcal*

Für 2 Brote von 850 g

Für den Vorteig:

42 g Hefe (1 Würfel)
300 g Sauerteig (selbst
  angesetzt oder im Beutel)
200 g Roggenvollkornschrot
150 ml warmes Wasser

Für den Hauptteig:

125 g Roggen- oder Weizen-
  körner
250 g Roggenvollkornmehl
300 g Roggenmehl Type 997
3 TL Salz
1 EL Fenchelsamen
  (nach Belieben)
1/2 TL Zuckerkulör
  (nach Belieben)
1 TL Zucker
ca. 500 ml warmes Wasser

Außerdem:

Mehl zum Bearbeiten
2 Kastenformen (24 cm Länge)
  oder 1 Springform (Ø 32 cm)
Butter für die Formen
Sesam zum Bestreuen

1 Für den Vorteig die Hefe zu Sauerteig und 100 g Schrot in eine Schüssel bröckeln. Mit Wasser glatt rühren und zugedeckt 2 Std. warm ruhen lassen. Dann den restlichen Schrot einrühren und weitere 2 Std. ruhen lassen.

2 Für den Hauptteig die Körner in reichlich Salzwasser 20 Min. garen. Im Wasser abkühlen lassen. Mehle, Salz und Fenchelsamen (falls verwendet) mischen. Zuckerkulör (falls verwendet), Zucker und Wasser (bis auf eine halbe Tasse, ca. 50 ml) verrühren, mit dem Vorteig zum Mehl geben und den Teig ca. 5 Min. kräftig rühren. Evtl. noch Wasser oder Mehl hinzufügen. Den Teig auf der bemehlten Arbeitsfläche mit dem Teigschaber etwa 10 Min. lang zusammenschlagen und -drücken, dann in einer bemehlten Schüssel zugedeckt ca. 4 Std. warm ruhen lassen, bis sich das Volumen ungefähr verdoppelt hat.

3 Die Körner abgießen, gut abtropfen lassen, mit Mehl bestäuben und unterarbeiten. Evtl. noch Wasser oder Mehl hinzufügen, der Teig soll aber weich bleiben. Den Teig in die gefetteten Formen füllen. Zugedeckt ca. 2 Std. warm ruhen lassen, bis sich das Volumen verdoppelt hat.

4 Den Backofen auf 250° vorheizen (Umluft nicht geeignet). Die Teigoberflächen dreimal schräg einschneiden, mit Wasser bestreichen und mit Sesam bestreuen. Die Ofenwände mit Wasser besprühen oder eine Schale mit Wasser auf den Ofenboden stellen. Die Brote auf der zweiten Schiene von unten 10 Min. backen. Danach die Hitze auf 190° reduzieren und die Brote in ca. 1 Std. 20 Min. fertig backen. Abkühlen lassen, in Frischhaltefolie wickeln und vor dem Anschneiden 2 Tage ruhen lassen.

Dunkles
Hausbrot

mild | *Zubereitung: ca. 25 Min.* | *Ruhen: ca. 26 Std.* | *Backen: ca. 1 Std. 10 Min.* | *Pro 100 g: ca. 255 kcal*

Für 2 Brote von 700 g

Für den Vorteig:

1 gehäufter TL Backferment
   (Reformhaus oder Bioladen)
2 EL Grundansatz Backfer-
   ment (selbst angesetzt oder
   gekauft, siehe S. 9)
300 ml warmes Wasser
300 g Roggenmehl Type 1150

Für den Hauptteig:

350 g Roggenmehl Type 997
350 g Roggenvollkornmehl
3 TL Salz
1 Pck. Trockenhefe
3 EL Öl
ca. 600 ml warmes Wasser

Außerdem:

Plastiktüte oder Bratschlauch
Mehl zum Bearbeiten
2 Kastenformen (28 cm Länge)
Butter für die Formen

1 Für den Vorteig das Backferment mit dem Grundansatz und etwas warmem Wasser glatt rühren, dann mit Mehl und restlichem Wasser mischen. Die Schüssel in eine Plastiktüte (Bratschlauch) stecken, mit einem Tuch zudecken und an einem warmen Ort 15–20 Std. ruhen lassen.

2 Für den Hauptteig die Mehle mit Salz und Trockenhefe mischen. Öl und Wasser (bis auf eine halbe Tasse, ca. 50 ml) verrühren, mit dem Vorteig zum Mehl geben und alles mit dem elektrischen Knethaken oder einem Kochlöffel ca. 5 Min. kräftig rühren. Bei Bedarf etwas Wasser oder Mehl hinzufügen. Noch einmal in der Plastiktüte ca. 2 Std. warm ruhen lassen, bis sich das Volumen verdoppelt hat.

3 Den weichen Teig auf der bemehlten Arbeitsfläche mit einem Teigschaber fünfmal zusammenschlagen und zusammendrücken, dann halbieren und in die gefetteten Formen füllen. Die Oberflächen mit feuchten Händen glatt streichen. Die Formen in Plastiktüten stecken und mit einem Tuch zugedeckt an einem warmen Ort ca. 4 Std. ruhen lassen, bis sich das Volumen verdoppelt hat.

4 Den Backofen auf 250° vorheizen (Umluft nicht geeignet). Die Brotoberflächen einmal längs einschneiden und mit etwas Mehl bestreuen. Die Ofenwände mit Wasser besprühen oder eine Schale mit Wasser auf den Ofenboden stellen. Die Brote auf der zweiten Schiene von unten 10 Min. backen, dann auf 200° herunterschalten und die Brote in ca. 1 Std. fertig backen. Aus dem Formen stürzen und auf einem Kuchengitter auskühlen lassen.

Kernige
Brotzeitlaibe

würziger Klassiker | *Zubereitung: ca. 25 Min.* | *Ruhen: ca. 8 Std.* | *Backen: ca. 1 Std.* | *Pro 100 g: ca. 295 kcal*

Für 2 Brote von 700 g

Für den Vorteig:

300 g Sauerteig (selbst
   angesetzt oder im Beutel)
100 g Roggenvollkornschrot
100 ml warmer Kefir

Für den Hauptteig:

300 g Roggenvollkornschrot
350 g Weizenvollkornmehl
2 TL Salz
75 g Leinsamen
1 Pck. Trockenhefe
2 EL ungemahlenes Brot-
   gewürz (siehe S. 11,
   nach Belieben)
1 TL Zucker
50 g Rübensirup
2 EL Öl
ca. 500 ml warmes Wasser

Außerdem:

Mehl zum Bearbeiten
2 Kastenformen (24 cm Länge)
Butter für die Formen
1 Eiweiß
je 2 EL Leinsamen und
   Sesamsamen oder ganze
   Haferkörner

1 Für den Vorteig den Sauerteig mit Schrot und Kefir verrühren und zugedeckt 4 Std. warm ruhen lassen.

2 Für den Hauptteig Schrot und Mehl in einer Schüssel mit Salz, Leinsamen, Trockenhefe, Brotgewürz (falls verwendet) und Zucker mischen. Rübensirup mit Öl und warmem Wasser (bis auf eine halbe Tasse, ca. 50 ml) verrühren, mit dem Vorteig zum Mehl geben. Den Teig mit dem elektrischen Knethaken oder einem Kochlöffel ca. 5 Min. kräftig rühren. Bei Bedarf noch Mehl oder Wasser hinzufügen.

3 Den Teig auf der bemehlten Arbeitsfläche etwa zehnmal zusammenschlagen und zusammendrücken, bis er elastisch ist, dann zu einer Kugel formen. In einer bemehlten Schüssel zugedeckt ca. 2 Std. warm ruhen lassen, bis sich das Volumen verdoppelt hat.

4 Die Formen einfetten. Den gegangenen Teig einmal kurz zusammenschlagen, halbieren und in die Formen füllen. Aus Alufolie zwei Hauben formen und über die Formen legen. Den Teig an einem warmen Ort noch einmal ca. 2 Std. ruhen lassen, bis sich das Volumen verdoppelt hat.

5 Den Backofen auf 250° vorheizen (Umluft nicht geeignet). Das Eiweiß leicht anschlagen. Die Teigoberflächen damit bestreichen und mit Leinsamen und Sesam oder mit Hafer bestreuen. Die Ofenwände mit Wasser besprühen oder eine Schale mit Wasser auf den Ofenboden stellen. Die Brote auf der zweiten Schiene von unten 10 Min. backen. Danach auf 190° herunterschalten und die Brote in ca. 50 Min. fertig backen.

Rieslingfladen mit Trauben

natürlich zu Wein!
Zubereitung: ca. 35 Min. | *Ruhen: ca. 5 Std. 30 Min.* | *Backen: ca. 40 Min.* | *Pro 100 g: ca. 295 kcal*

Für 1 Brot von 1,3 kg

Für den Vorteig:

150 g flüssiger Sauerteig
   (selbst angesetzt oder
   im Beutel)
100 g Roggenmehl Type 997
125 ml warmes Wasser

Für den Hauptteig:

400 g Roggenmehl Type 997
100 g Roggenvollkornschrot
1 Pck. Trockenhefe
1 TL Salz
1 gehäufter EL Baguetteback
   (siehe S. 9)
2 EL Rübensirup
ca. 400 ml warmer Rieslingwein
75 g Gänse- oder Schweine-
   schmalz mit Grieben

Für den Belag:

100 g rote Zwiebeln
1 EL Öl
250 g große helle Trauben
1 Eigelb

Außerdem:

Mehl zum Bearbeiten
Butter für das Backblech

1 Alle Zutaten für den Vorteig verrühren und zugedeckt an einem warmen Ort 3 Std. ruhen lassen.

2 Für den Hauptteig die trockenen Zutaten grob mit dem Vorteig mischen. Rübensirup und Wein (bis auf eine halbe Tasse, ca. 50 ml) verrühren und mit dem Schmalz zum Mehl geben. Den Teig 3 Min. kräftig rühren. Ist der Teig zu trocken, noch etwas Wein hinzufügen.

3 Den Teig auf der bemehlten Arbeitsfläche ca. 10 Min. kneten. Den Teig zur Kugel formen und in der bemehlten Schüssel zugedeckt ca. 1 Std. 30 Min. warm ruhen lassen, bis sich das Volumen verdoppelt hat.

4 Ein Backblech einfetten. Den Teig zusammenschlagen, zur Kugel formen und auf dem Backblech zu einem Fladen (Ø ca. 25 cm) drücken. Zugedeckt noch einmal an einem warmen Ort ca. 1 Std. ruhen lassen.

5 Inzwischen für den Belag die Zwiebeln schälen und in feine Streifen schneiden. In einer Pfanne in heißem Öl unter Rühren 2 Min. anbraten, aber nicht bräunen. Die Trauben waschen, halbieren und entkernen.

6 Den Backofen auf 200° vorheizen (Umluft nicht geeignet). Die Teigoberfläche mit etwas Wasser besprühen und auf der mittleren Schiene ca. 20 Min. backen. Das Eigelb mit etwas Wasser verrühren, den heißen Fladen damit bestreichen und sofort mit Zwiebeln und Trauben bestreuen. Auf der zweiten Schiene von unten in ca. 20 Min. fertig backen und lauwarm servieren.

Clever variieren

Mit Kirschtomaten, Mozzarella, Kräutern, Oliven und Schinkenwürfeln bestreut schmeckt dieser Fladen würzig wie eine **Pizza**.

Anisfladen

außergewöhnlich
Zubereitung: ca. 30 Min. | Ruhen: ca. 2 Std. 30 Min.
Backen: ca. 35 Min. | Pro 100 g: ca. 215 kcal

Für 1 Fladen von 650 g

2 EL Anissamen | 250 g Roggenvollkornmehl
50 g Weizenvollkornschrot | 1 Pck. Trocken-
sauerteig (15 g) | 1 Pck. Trockenhefe
3/4 TL Salz | 1 EL Rübensirup
1 EL Öl | ca. 200 ml warmes Wasser

Außerdem:

Mehl und Öl zum Bearbeiten | Butter für das
Blech | 1 Eiweiß | 1 EL Fenchelsamen

1 Anissamen im Mörser grob zerreiben. Tro-
   ckene Zutaten mischen. Rübensirup, Öl und
   Wasser (bis auf ca. 50 ml) verrühren, zum
   Mehl gießen und ca. 3 Min. kräftig rühren.
   Bei Bedarf noch Wasser hinzufügen. Den
   Teig ca. 10 Min. kneten, dann zur Kugel
   formen. In einer bemehlten Schüssel zuge-
   deckt ca. 1 Std. 30 Min. warm ruhen lassen.

2 Den Teig zusammendrücken, mit eingeölten Händen zur Kugel formen und auf
   dem gefetteten Blech zum Fladen drücken
   (Ø ca. 25 cm). Zugedeckt ca. 1 Std. ruhen
   lassen, bis sich das Volumen verdoppelt hat.

3 Ofen auf 250° vorheizen (Umluft nicht geeignet). Fladen mit angeschlagenem Eiweiß
   bestreichen, mit einer Gabel einstechen, mit
   Fenchel bestreuen und mit Wasser besprühen. Auf der mittleren Schiene 5 Min. anba-
   cken, bei 200° in ca. 30 Min. fertig backen.

Kernbeißer

kraftvoll-würzig
Zubereitung: ca. 30 Min. | Ruhen: ca. 6 Std.
Backen: ca. 45 Min. | Pro 100 g: ca. 345 kcal

Für 1 Brot von 850 g

250 g Roggenvollkornmehl | 250 g Roggen-
mehl Type 815 | 1 Pck. Trockenhefe
1 Pck. Trockensauerteig (15 g)
1 EL geschrotetes Brotgewürz (siehe S. 11)
1 TL Salz | ca. 250 ml warmes Wasser
100 ml warmes Dunkelbier
200 g gemischte Saaten und Kerne
  (z. B. Kürbis, Sonnenblumen, Pinien, Sesam)

Außerdem:

Mehl zum Bearbeiten
Butter für das Blech | 1 Eiweiß

1 Trockene Zutaten bis auf die Kerne mischen. Wasser (bis auf ca. 50 ml) mit Bier
   dazugießen und ca. 3 Min. kräftig rühren.
   Evtl. noch Wasser hinzufügen. Teig auf wenig Mehl ca. 10 Min. kneten. In einer Schüssel zugedeckt ca. 3 Std. warm ruhen lassen.

2 150 g Kernmischung unterkneten, längliches
   Brot formen und auf gefettetem Blech zugedeckt ca. 3 Std. warm ruhen lassen, bis sich
   das Volumen verdoppelt hat.

3 Backofen auf 230° vorheizen (Umluft nicht
   geeignet). Brot mit Eiweiß bestreichen, restliche Kerne darauf leicht andrücken. Ofenwände mit Wasser besprühen, Brot auf der
   mittleren Schiene 5 Min. backen. Auf 200°
   schalten und in ca. 40 Min. fertig backen.

Haselnussbrot

besonders fein | *Zubereitung: ca. 25 Min.* | *Ruhen: ca. 9 Std.* | *Backen: ca. 1 Std.* | *Pro 100 g: ca. 385 kcal*

Für 1 Brot von 1,3 kg

Für den Vorteig:

300 g flüssiger Sauerteig (selbst
   angesetzt oder im Beutel)
200 g Roggenvollkornschrot
250 ml warmes Wasser

Für den Hauptteig:

250 g Roggenmehl Type 815
250 g Weizenmehl Type 1050
1 Pck. Trockenhefe
2 TL Salz
2 EL Rübensirup
ca. 300 ml warmes Wasser
4 EL Öl
200 g Haselnusskerne

Außerdem:

Mehl zum Bearbeiten
Butter für das Backblech
1 Eiweiß

Variante mit Steinpilzen

20 g getrocknete Steinpilze
ca. 30 Min. in 300 ml heißem
Wasser einweichen. Die Pilze
anschließend gut ausdrücken und
grob hacken. In etwas **Öl** 5 Min.
garen. Das Pilzwasser durch einen
Kaffeefilter gießen und damit
einen Teil des Wassers für den
Teig ersetzen. Die Pilze und Hasel-
nüsse mit dem Teig verkneten.

1 Für den Vorteig Sauerteig mit Schrot und Wasser glatt rühren. Den Vorteig zugedeckt an einem warmen Ort ca. 4 Std.
ruhen lassen.

2 Für den Hauptteig die beiden Mehlsorten mit Trockenhefe
und Salz mischen. Den Vorteig grob untermischen. Rübensirup, Wasser (bis auf eine halbe Tasse, ca. 50 ml) und Öl
mischen. Dazugießen und den Teig mit dem elektrischen
Knethaken oder einem Kochlöffel ca. 3 Min. kräftig rühren.
Bei Bedarf noch etwas Wasser hinzufügen.

3 Den Teig auf der bemehlten Arbeitsfläche ca. 10 Min. lang
von links nach rechts, von rechts nach links, von vorn nach
hinten und von hinten nach vorn zusammenschlagen und
mit den Handballen zusammendrücken. Dann den Teig zur
Kugel formen und in einer bemehlten Schüssel zugedeckt
an einem warmen Ort ca. 3 Std. ruhen lassen, bis sich das
Volumen verdoppelt hat.

4 Die Haselnusskerne in einer Pfanne ohne Fett leicht rösten
und abkühlen lassen. Die Nüsse unter den Teig kneten
und einen runden Laib formen. Den Laib auf ein gefettetes
Blech setzen und zugedeckt noch einmal ca. 2 Std. warm
ruhen lassen, bis sich das Volumen verdoppelt hat.

5 Den Backofen auf 210° vorheizen (Umluft nicht geeignet).
Das Eiweiß leicht anschlagen, die Teigoberfläche damit
bestreichen und mit Mehl bestreuen. Nach Belieben mittig
ein Quadrat einritzen. Die Ofenwände mit etwas Wasser
besprühen oder eine Schale mit Wasser auf den Ofenboden
stellen. Das Brot auf der zweiten Schiene von unten ca.
1 Std. backen. Auf einem Kuchengitter auskühlen lassen.

Feigenbrot

fein zur Käseplatte | *Zubereitung: ca. 30 Min.* | *Ruhen: ca. 10 Std.* | *Backen: ca. 1 Std.* | *Pro 100 g: ca. 315 kcal*

Für 1 Brot von 1,2 kg

375 g flüssiger Sauerteig (selbst
  angesetzt oder im Beutel)
100 g Roggenmehl Type 997
ca. 600 ml warmes Wasser
250 g Roggenmehl Type 1150
150 g Weizenvollkornmehl
100 g Roggenvollkornschrot
1 Pck. Trockenhefe
2 TL Salz
1/2 TL Lebkuchengewürz
  oder Zimt
250 g weiche Trockenfeigen

Außerdem:

Mehl zum Bearbeiten
Butter für das Backblech

1 Sauerteig, Roggenmehl Type 997 und 100 ml Wasser glatt rühren. Zugedeckt 6 Std. warm ruhen lassen.

2 Restliche Zutaten bis auf die Feigen mit dem Vorteig mischen. Restliches Wasser (bis auf ca. 50 ml) dazugießen, kräftig rühren. Evtl. Wasser oder Mehl hinzufügen. Teig auf der bemehlten Arbeitsfläche ca. 10 Min. kneten, zur Kugel formen. In der bemehlten Schüssel zugedeckt ca. 2 Std. ruhen lassen, bis sich das Volumen verdoppelt hat.

3 Feigen vierteln, mit wenig Mehl mischen und kurz unter den Teig kneten. Einen länglichen Laib formen, aufs gefettete Blech setzen und zugedeckt ca. 2 Std. ruhen lassen, bis sich das Volumen verdoppelt hat.

4 Den Ofen auf 220° vorheizen (Umluft nicht geeignet). Teigoberfläche mit Wasser bestreichen und mit der Schere sehr oft einschneiden. Mit Mehl bestreuen und auf der zweiten Schiene von unten ca. 1 Std. backen. Das fertige Brot auf einem Kuchengitter auskühlen lassen.

Salamistange mit Walnüssen

herzhaft | *Zubereitung: ca. 30 Min.* | *Ruhen: ca. 2 Std. 30 Min.* | *Backen: ca. 30 Min.* | *Pro 100 g: ca. 315 kcal*

Für 1 Brot von 800 g

100 g getrockneter Vollkorn-
  sauerteig
100 g Roggenvollkornschrot
200 g Roggenmehl Type 997
100 g Weizenmehl Type 1050
1 TL Salz | 1 EL gemahlenes
Brotgewürz (siehe S. 11)
1 Pck. Trockenhefe
2 EL Gerstenmalz-Extrakt
ca. 375 ml warmes Wasser
75 g Mailänder Salami in Schei-
ben | 75 g gehackte Walnüsse

Außerdem:

Mehl zum Bearbeiten
Butter für das Backblech

1 Die trockenen Teigzutaten mischen. Das Malz mit Wasser verrühren und die Flüssigkeit (bis auf eine halbe Tasse, ca. 50 ml) dazugießen. Mit dem elektrischen Knethaken oder einem Kochlöffel ca. 3 Min. kräftig rühren. Bei Bedarf noch etwas Wasser hinzufügen.

2 Den Teig auf der bemehlten Arbeitsfläche ca. 10 Min. immer wieder zusammenschlagen und zusammendrücken, dann zur Kugel formen und in der bemehlten Schüssel zugedeckt ca. 1 Std. 30 Min. warm ruhen lassen, bis sich das Volumen verdoppelt hat.

3 Die Salami in ca. 1 cm große Stücke schneiden, mit Walnüssen und wenig Mehl mischen. Die Mischung unter den Teig kneten. Eine Rolle von ca. 35 cm formen und auf das gefettete Backblech legen. Zugedeckt ca. 1 Std. ruhen lassen. Den Ofen auf 220° vorheizen (Umluft nicht geeignet). Das Brot fünfmal schräg einschneiden, mit nassen Händen glatt streichen und auf der mittleren Schiene ca. 30 Min. backen.

Heidebrot

mit nussigem Buchweizen
Zubereitung: ca. 35 Min. | Ruhen: ca. 14 Std. | Backen: ca. 50 Min. | Pro 100 g: ca. 325 kcal

Für 1 Brot von 1,2 kg

Für den Vorteig:

400 g flüssiger Sauerteig (selbst
  angesetzt oder im Beutel)
100 g Roggenvollkornschrot
125 g warmer Joghurt

Für den Hauptteig:

400 g Roggenvollkornschrot
250 g Buchweizen(vollkorn)-
  mehl
1 Pck. Trockenhefe
3 TL Salz
ca. 250 ml warmes Wasser
3 EL Rübensirup

Außerdem:

Plastiktüte oder Bratschlauch
Mehl zum Bearbeiten
Butter für das Backblech
Milch zum Bestreichen

1 Für den Vorteig den Sauerteig mit Schrot und Joghurt
   in einer Schüssel glatt rühren und in einer Plastiktüte
   (Bratschlauch) 8 Std. warm ruhen lassen.

2 Für den Hauptteig Schrot mit Buchweizenmehl, Trockenhefe, Salz und dem Vorteig grob mischen. Das warme
   Wasser bis auf eine halbe Tasse (ca. 50 ml) mit dem Rübensirup verrühren. Zum Mehl gießen und mit dem elektrischen Knethaken oder einem Kochlöffel 3 Min. kräftig
   rühren. Bei Bedarf Wasser hinzufügen.

3 Den Teig auf der bemehlten Arbeitsfläche ca. 10 Min. zusammenschlagen und -drücken, dann zur Kugel formen
   und in der bemehlten Schüssel zugedeckt ca. 3 Std. warm
   ruhen lassen, bis sich das Volumen verdoppelt hat.

4 Ein Backblech einfetten. Den Teig auf der bemehlten
   Arbeitsfläche zu einer etwa 90 cm langen Rolle formen
   und zu einer Öse (Ø ca. 15 cm) legen (**Bild 1**). Den unteren
   Strang von oben nach unten, den oberen Teigstrang von
   unten nach oben durch die Öse stecken (**Bild 2**). Nun die
   überhängenden Teigenden von oben nach unten bzw. von
   unten nach oben erneut durch die Öse stecken (**Bild 3**).

5 Den Teig auf das Backblech setzen und zugedeckt an einem
   warmen Ort ca. 3 Std. ruhen lassen, bis sich das Volumen
   verdoppelt hat. Den Backofen auf 250° vorheizen (Umluft
   nicht geeignet). Das Brot mit Milch bestreichen und mit
   wenig Mehl bestreuen. Die Backofenwände mit Wasser
   besprühen oder eine ofenfeste Schale mit Wasser auf den
   Ofenboden stellen. Das Brot auf der zweiten Schiene von
   unten 10 Min. backen, dann auf 210° herunterschalten und
   das Brot in ca. 40 Min. fertig backen. Auf einem Kuchengitter auskühlen lassen.

Haferring

rustikal | *Zubereitung: 35 Min.* | *Ruhen: ca. 5 Std.* | *Backen: ca. 40 Min.* | *Pro 100 g: ca. 360 kcal*

Für 1 Brot von 1 kg

Für den Vorteig:

150 g Schmelzflocken
(zarte Haferflocken)
200 ml warme Buttermilch
1 Pck. Trockensauerteig (15 g)

Für den Hauptteig:

250 g Roggenmehl Type 997
250 g Hafervollkornmehl
100 g kernige Haferflocken
1 Pck. Trockenhefe
2 TL Kräutersalz
2 EL Gerstenmalz-Extrakt
(Reformhaus oder Bioladen)
ca. 350 ml warmes Wasser
5 EL Öl

Außerdem:

Mehl zum Bearbeiten
Butter für das Backblech
1 Ei (Größe M)
je 1 EL kernige Haferflocken
und Koriandersamen zum
Bestreuen

1 Für den Vorteig die Schmelzflocken mit der Buttermilch und dem Trockensauerteig mischen. Zugedeckt an einem warmen Ort 2 Std. ruhen lassen.

2 Für den Hauptteig die Mehlsorten, Haferflocken, Trockenhefe und Kräutersalz verrühren. Den Vorteig hinzufügen und grob untermischen. Gerstenmalz mit warmem Wasser (bis auf eine knappe Tasse, ca. 75 ml) und Öl verrühren, zum Mehl gießen und alles mit dem elektrischen Knethaken oder einem Kochlöffel 3 Min. kräftig rühren. Bei Bedarf noch etwas Wasser hinzufügen.

3 Den Teig auf der bemehlten Arbeitsfläche 10 Min. lang von links nach rechts, von rechts nach links, von vorn nach hinten und von hinten nach vorn zusammenschlagen und mit den Handballen zusammendrücken. Zu einer Kugel formen und in einer bemehlten Schüssel zugedeckt an einem warmen Ort ca. 3 Std. ruhen lassen, bis sich das Volumen verdoppelt hat.

4 Das Backblech einfetten. Den Teig einmal zusammenschlagen, eine 50 cm lange Rolle formen und diese auf dem Blech zu einem Ring legen. Die Enden zusammendrücken.

5 Den Backofen auf 220° vorheizen (Umluft nicht geeignet). Das Ei mit etwas Wasser verrühren. Den Brotring damit bestreichen und mit Haferflocken und Koriandersamen bestreuen. Leicht andrücken. Das Brot auf der mittleren Schiene etwa 40 Min. backen und auf einem Kuchengitter auskühlen lassen.

Clever variieren

Für ein besonders **würziges Brot** mischen Sie unter den fertigen Teig **1 Tasse gemischte gehackte Kräuter** (z. B. Majoran, Thymian, Petersilie und Schnittlauch) und **100 g grob geraspelten Bergkäse**.

Wickelbrot

macht was her | *Zubereitung: ca. 35 Min.* | *Ruhen: ca. 5 Std.* | *Backen: ca. 35 Min.* | *Pro 100 g: ca. 400 kcal*

Für 1 Brot von 650 g

Für den Teig:

200 g Dinkelmehl Type 1050
200 g Gerstenvollkornmehl
  oder Dinkelvollkornmehl
1 Pck. Trockenhefe
1 Pck. Trockensauerteig (15 g)
1 TL Salz | 1 TL Zucker
2 EL getrockneter Estragon
5 EL Öl
ca. 200 ml warmes Wasser
100 ml warmes Bier

Für die Füllung:

65 g weiche Butter
je 1 Bund Petersilie,
  Dill und Schnittlauch

Außerdem:

Mehl zum Bearbeiten
Butter für das Backblech
1 Eiweiß

Clever variieren

Die **Butterfüllung** lässt sich gut abwandeln – besonders pikant wird sie mit **12 gehackten schwarzen Oliven** und **1 klein gewürfelten, kurz angedünsteten roten Paprikaschote**. Mit **1 gehackten Knoblauchzehe, Chilipulver** und **1 TL Thymianblättchen** würzen.

1 Für den Teig die beiden Mehlsorten in einer Schüssel mit Trockenhefe, Trockensauerteig, Salz, Zucker und Estragon mischen. Öl, Wasser (bis auf eine halbe Tasse, ca. 50 ml) und Bier verrühren, zum Mehl gießen und den Teig mit dem elektrischen Knethaken oder einem Kochlöffel 3 Min. kräftig rühren. Bei Bedarf noch etwas Wasser hinzufügen. Den Teig mit leicht bemehlten Händen ca. 10 Min. lang zusammenfalten und zusammendrücken (**Bild 1**), dann zu einer Kugel formen und in eine bemehlte Schüssel legen. Zugedeckt ca. 3 Std. warm ruhen lassen, bis sich das Volumen verdoppelt hat.

2 Für die Füllung die weiche Butter schaumig rühren. Die Kräuter waschen und trocken schütteln. Petersilienblättchen und Dillspitzen abzupfen und mittelfein hacken. Schnittlauch in Röllchen schneiden. Die Kräuter mit der Butter mischen.

3 Den Teig auf der bemehlten Arbeitsfläche zu einem Quadrat von ca. 30 cm ausrollen. Die Füllung daraufstreichen, dabei ringsum einen etwa 3 cm breiten Rand frei lassen (**Bild 2**). Den Teig aufrollen und mit der Naht nach unten auf ein gefettetes Blech setzen. Mit der Schere von oben im Abstand von 1 cm den Teig tief ein-, aber nicht durchschneiden. Die entstandenen Teigscheiben abwechselnd nach rechts und nach links auseinanderschieben (**Bild 3**). Das Brot zugedeckt ca. 2 Std. warm ruhen lassen, bis sich das Volumen verdoppelt hat.

4 Den Backofen auf 200° vorheizen (Umluft nicht geeignet). Das Eiweiß leicht anschlagen und das gegangene Brot damit bestreichen. Das Blech auf der mittleren Schiene in den Ofen schieben und das Brot in ca. 35 Min. goldbraun backen. Auf einem Kuchengitter auskühlen lassen.

Currybrötchen

exotisch | *Zubereitung: ca. 35 Min.* | *Ruhen: ca. 4 Std.*
Backen: ca. 30 Min. | *Pro Stück: ca. 200 kcal*

Für 6 kleine Brötchen

15 g glutenfreie Hefe (ca. 1/3 Würfel,
siehe S. 125) | 1 TL Zucker
ca. 250 ml warmes Wasser
250 g glutenfreies dunkles Mehl (siehe S. 7)
1/2 TL Salz | 1 EL Currypulver
1 EL geriebener frischer Ingwer | 2 EL Öl

Außerdem:

Mehl zum Bearbeiten
Butter für das Backblech | 1 Eigelb

1 Die Hefe in ein Schälchen bröckeln, mit
Zucker und 3 EL warmem Wasser glatt rüh-
ren. 10 Min. ruhen lassen. Alle trockenen
Zutaten in einer Schüssel mischen. Ingwer,
Öl und restliches Wasser (bis auf ca. 50 ml)
verrühren. Hefeansatz und Flüssigkeit zum
Mehl geben und ca. 8 Min. rühren. Bei
Bedarf noch Wasser hinzufügen. Den Teig
zugedeckt ca. 2 Std. warm ruhen lassen.

2 Ein Backblech einfetten. Mit feuchten Händen sechs Kugeln formen und auf das Blech
setzen. Zugedeckt an einem warmen Ort
noch einmal ca. 2 Std. ruhen lassen, bis sich
das Volumen verdoppelt hat.

3 Das Eigelb mit etwas Wasser verrühren,
die Brötchen damit bestreichen. Den Backofen auf 180° vorheizen (Umluft nicht geeignet). Die Brötchen auf der mittleren Schiene
ca. 30 Min. backen.

Kerndlbrötchen

gesunde Leckerei | *Zubereitung: ca. 35 Min.* | *Ruhen:*
ca. 4 Std. | *Backen: ca. 25 Min.* | *Pro Stück: ca. 235 kcal*

Für 8 Brötchen

250 g glutenfreies dunkles Mehl (siehe S. 7)
1/2 TL Salz | 1 TL Zucker
1/2 TL Zimtpulver
1 Pck. glutenfreie Trockenhefe (siehe S. 125)
ca. 200 ml warmes Wasser
4 EL Öl | 200 g Möhren
5 EL Sonnenblumenkerne | 2 Eier (Größe M)

Außerdem:

Mehl zum Bearbeiten
1 Muffinblech mit 12 Mulden
Butter und Maisgrieß für das Blech

1 Alle trockenen Zutaten mischen. Das Wasser bis auf eine halbe Tasse (ca. 50 ml) mit
dem Öl verrühren. Möhren putzen, schälen und fein reiben. Sonnenblumenkerne
ohne Fett leicht rösten. Flüssigkeit und Eier
zum Mehl geben und ca. 8 Min. kräftig
rühren. Möhren und Sonnenblumenkerne
dazugeben. Bei Bedarf Wasser hinzufügen.
Zugedeckt ca. 2 Std. warm ruhen lassen.

2 Acht Muffinmulden einfetten, mit Grieß
ausstreuen. Den Teig zusammenschlagen,
achteln und auf die Förmchen verteilen.
Zugedeckt ca. 2 Std. warm ruhen lassen,
bis sich das Volumen verdoppelt hat.
Den Backofen auf 230° vorheizen (Umluft
nicht geeignet). Die Brötchen auf der zweiten Schiene von unten ca. 25 Min. backen.

vorne links: Currybrötchen | hinten rechts: Kerndlbrötchen

Quinoabrötchen

ausgefallen | *Zubereitung: ca. 35 Min.* | *Ruhen: ca. 3 Std. 10 Min.* | *Backen: ca. 30 Min.* | *Pro Stück: ca. 220 kcal*

Für 12 Brötchen

150 g Quinoa
42 g Hefe (1 Würfel)
1 TL Zucker
3 EL + 250 g Dinkelmehl
  Type 630
6 EL + ca. 150 ml warmes
  Wasser
250 g Roggenvollkornmehl
1 Pck. Trockensauerteig (15 g)
2 TL Salz
2 EL Öl

Außerdem:

Mehl zum Bearbeiten
Butter für die Backbleche

1 Quinoa in reichlich Wasser 25 Min. garen, abgießen und sehr gut abtropfen lassen. Hefe mit Zucker, 3 EL Dinkelmehl und 6 EL warmem Wasser glatt rühren. Zugedeckt 10 Min. ruhen lassen.

2 Übriges Dinkelmehl mit Roggenvollkornmehl, Trockensauerteig und Salz mischen. Öl mit Wasser (bis auf ca. 50 ml) verrühren. Vorteig, Quinoa und Flüssigkeit zur Mehlmischung geben, alles ca. 8 Min. rühren, ggf. noch Wasser oder Mehl zufügen. Zugedeckt ca. 2 Std. warm ruhen lassen, bis sich das Volumen verdoppelt hat.

3 12 längliche, spitz zulaufende Brötchen formen, auf zwei gefettete Backbleche legen, dreimal quer einschneiden und zugedeckt ca. 1 Std. ruhen lassen. Backofen auf 250° vorheizen (Umluft nicht geeignet), dabei ein ofenfestes Schälchen mit Wasser auf den Ofenboden stellen. Brötchen nacheinander jeweils auf der mittleren Schiene 10 Min. backen und bei 190° in ca. 20 Min. fertig backen.

Sauerteigbrötchen

beliebter Klassiker | Zubereitung: ca. 35 Min. | Ruhen: ca. 7 Std. | Backen: ca. 25 Min. | Pro Stück: ca. 215 kcal

Für 12 Brötchen

75 g flüssiger Sauerteig (selbst angesetzt oder im Beutel)
340 g Weizenmehl Type 550
1 Pck. Trockenhefe
1 TL Zucker
ca. 450 ml warmes Wasser
200 g Roggenmehl Type 1150
1 1/2 TL Salz
1 EL gemahlenes Brotgewürz (siehe S. 11)
100 ml warmes dunkles Bier
4 EL Öl

Außerdem:

Mehl zum Bearbeiten
Butter für die Backbleche

1 Sauerteig, 40 g Mehl, Trockenhefe, Zucker und 100 ml Wasser in einer Schüssel glatt rühren. Zugedeckt an einem warmen Ort 4 Std. ruhen lassen.

2 Die restlichen trockenen Zutaten grob mit dem Vorteig verrühren. Bier und restliches Wasser bis auf eine halbe Tasse (ca. 50 ml) mit dem Öl mischen. Flüssigkeit zum Mehl gießen und ca. 3 Min. kräftig rühren. Bei Bedarf etwas Wasser hinzufügen. Den Teig auf der bemehlten Arbeitsfläche ca. 10 Min. bearbeiten. Den Teig zu einer Kugel formen. In der bemehlten Schüssel zugedeckt Ort ca. 2 Std. warm ruhen lassen, bis sich das Volumen verdoppelt hat.

3 Aus dem Teig zwölf Brötchen formen und auf zwei gefetteten Blechen zugedeckt ca. 1 Std. ruhen lassen. Den Ofen auf 230° vorheizen (Umluft nicht geeignet). Die Brötchen mit einem scharfen Messer einmal einschneiden, mit Wasser besprühen, nach Belieben mit etwas Mehl bestreuen und auf der mittleren Schiene ca. 25 Min. backen.

Kürbisbrötchen

Herbstsonne im Brotkorb
Zubereitung: ca. 35 Min. | Ruhen: ca. 2 Std. 10 Min.
Backen: ca. 35 Min. | Pro Stück: ca. 220 kcal

Für 12 Brötchen

20 g Hefe (ca. 1/2 Würfel) | 1 TL Zucker
100 ml warme Buttermilch | 200 g Hokkaido-
kürbis, geputzt | 250 g Roggenvollkornmehl
50 g Weizenmehl Type 550 | 1 1/2 TL Salz
1 Pck. Trockensauerteig (15 g)
125 g Kürbiskerne | 4 EL Kürbiskernöl
ca. 200 ml warmes Wasser

Außerdem:

Mehl zum Bearbeiten
Butter für die Backbleche | 6 EL Kürbiskerne

1 Hefe mit Zucker und Buttermilch glatt
rühren. Zugedeckt 10 Min. ruhen lassen.

2 Kürbis fein reiben und in einem Tuch auspressen. Mehle mit Salz, Sauerteig und
Vorteig grob mischen. Kürbiskerne hacken,
mit dem Kürbis dazugeben. Öl mit Wasser
(bis auf 50 ml) mischen, dazugeben und alles 5 Min. kräftig rühren. Evtl. noch Wasser
hinzufügen. Teig zugedeckt ca. 1 Std. ruhen
lassen, bis sich das Volumen verdoppelt hat.

3 Teig zusammendrücken, zwölf längliche
Brötchen formen, auf zwei gefettete Bleche
legen, längs einschneiden und mit Kürbis-
kernen bestreuen. Zugedeckt ca. 1 Std. ruhen lassen. Ofen auf 220° vorheizen (Umluft
nicht geeignet). Brötchen nacheinander auf
der mittleren Schiene ca. 35 Min. backen.

Spinatbrötchen

nicht nur für Popeye
Zubereitung: ca. 35 Min. | Ruhen: ca. 6 Std.
Backen: ca. 25 Min. | Pro Stück: ca. 165 kcal

Für 16 Brötchen

150 g flüssiger Sauerteig (selbst angesetzt
oder im Beutel) | 125 g Roggenvollkornschrot
ca. 400 ml warmes Wasser
150 g TK-Blattspinat | 1 Knoblauchzehe
1 EL Öl | 500 g Roggenmehl Type 997
1 TL Salz | 1 Pck. Trockenhefe

Außerdem:

Mehl zum Bearbeiten
Butter für die Backbleche

1 Den Sauerteig mit Schrot und 200 ml Wasser verrühren und zugedeckt 3 Std. warm
ruhen lassen. Inzwischen Spinat erhitzen.
Knoblauch schälen, würfeln und mit Öl dazugeben. 2 Min. köcheln lassen, ausdrücken
und Flüssigkeit auffangen.

2 Mehl, Salz, Hefe, Sauerteigmischung und
Spinat grob mischen. Das Spinatwasser
mit warmem Wasser auf 200 ml auffüllen.
Bis auf eine halbe Tasse (ca. 50 ml) zum
Mehl gießen und ca. 5 Min. kräftig rühren;
falls nötig, noch Flüssigkeit hinzufügen.
Den Teig ca. 2 Std. warm verdoppeln lassen.

3 16 Teigkugeln formen und auf zwei gefettete
Bleche legen. Zugedeckt ca. 1 Std. ruhen
lassen. Backofen auf 220° vorheizen (keine
Umluft). Brötchen mit Wasser besprühen
und nacheinander (Mitte) 25 Min. backen.

Weißwurstsalat

schmeckt zu Brötchen und Bier

Für 4–6 Portionen **4 EL süßen Senf** mit
2 EL Öl und **3 EL Weißweinessig** verrühren.
8 Radieschen waschen, putzen und in
dünne Scheiben hobeln. **1 Bund Schnittlauch**
waschen, trocken schütteln und in Röllchen schneiden. **2 Cornichons** fein würfeln.
Alle Zutaten mit dem Dressing mischen.
Mit **Salz** und **Pfeffer** abschmecken. **2 Paar
Weißwürste** 10 Min. sieden lassen. Die Haut
abziehen, die Würste längs in Streifen und
quer in dünne Scheiben schneiden. Sofort
mit dem Dressing mischen und 10 Min.
durchziehen lassen. Bei Bedarf etwas Gurken-
flüssigkeit dazu gießen. Den Weißwurstsalat
am besten lauwarm servieren.

Currycreme

mit Grillhähnchenfleisch aufs Brot

Für 4–6 Portionen **175 g Doppelrahmfrischkäse** mit **1 EL Zitronensaft** cremig rühren.
1–2 TL Currypulver und etwas **Chilipulver**
dazugeben. 2 Scheiben Ananas (frisch oder
aus der Dose) fein würfeln und unterrühren.
1 kleines Stück Ingwer schälen und fein
zur Käsecreme reiben. **5 Stängel Koriander**
waschen, trocken schütteln und die Blättchen
abzupfen. Diese bis auf ein paar fein hacken
und mit der Creme mischen. Mit **Salz**, **Pfeffer**,
Zucker und **Zitronensaft** pikant abschmecken.
Die Creme in ein Schälchen füllen und mit
etwas Currypulver und dem restlichen Koriander garnieren.

Frischkäse mit Räucherlachs

Abendbrotklassiker

Für 4 Portionen **175 g Doppelrahmfrischkäse** mit **3 EL Joghurt** und **2 EL gehacktem Dill** glatt rühren. **100 g Räucherlachs** sehr fein schneiden. **5 cm Salatgurke** schälen, entkernen und fein würfeln. Lachs und Gurke zum Frischkäse geben und gut mischen. Mit **1 TL Zitronensaft, 1 TL geriebenem Meerrettich** (aus dem Glas), **Salz, Pfeffer** und etwas **Zucker** pikant abschmecken. Bis zum Servieren kühl stellen.

Clever variiert

Ersetzen Sie den Lachs durch **1 Räucherforellenfilet** und die Gurken durch **1/2 gewürfelten Apfel**. Zusätzlich mit **Worcestersauce** abschmecken.

Körniger Frischkäse mit Radieschen

fürs Sommerpicknick

Für 4 Portionen **8–10 Radieschen** putzen, waschen und grob raspeln. Mit **400 g körnigem Frischkäse** (Cottage Cheese) mischen. **1 Bund Schnittlauch** waschen, trocken schütteln und in Röllchen schneiden. **75 g mageren Schinkenspeck** (in 1 mm dicken Scheiben) vom Fettrand befreien und fein würfeln. **1/4 Apfel** schälen, entkernen und in feine Würfel schneiden. Alles mit dem Frischkäse verrühren. Mit **Kräutersalz, Pfeffer** und etwas **Zucker** pikant abschmecken. Bis zum Anrichten kühl stellen.

BROTE AUS ALLER WELT

Unternehmen Sie doch mal eine Brot-Weltreise!
Französisches Baguette, italienisches Ciabatta
oder türkisches Fladenbrot sind gar nicht mehr
wegzudenken aus unserem Brotkorb. Aber kennen
Sie auch das gefüllte Brot aus Georgien, die jüdische Challah und die originell geformte Fougasse
aus Frankreich? Es gibt so viel zu entdecken in
den Backstuben anderer Länder und Kulturen.
Hier finden Sie die internationalen Rezepte dazu.

Brioche

Feines für sonntags | *Zubereitung. ca. 35 Min.* | *Ruhen: ca. 18 Std.* | *Backen: ca. 40 Min.* | *Pro 100 g: ca. 440 kcal*

Für 1 Brioche von 1 kg

Für den Vorteig:

30 g Hefe (ca. 3/4 Würfel)
1 TL Zucker
2 EL Weizenmehl Type 550
6 EL warme Milch

Für den Hauptteig:

500 g Weizenmehl Type 550
4 Eier (Größe M)
3 EL Zucker
250 g weiche Butter
1 TL Salz (möglichst grobes)
ca. 100 ml warmes Wasser

Außerdem:

Mehl zum Bearbeiten
1 Briocheform (ersatzweise:
   Gugelhupfform)
Butter für die Form
1 Eigelb

1 Für den Vorteig die Hefe in ein Schälchen bröckeln. Mit Zucker, Mehl und warmer Milch glatt rühren. Zugedeckt an einem warmen Ort 1 Std. ruhen lassen.

2 Für den Hauptteig das Mehl in einer Schüssel grob mit dem Vorteig mischen. Die Eier in einer zweiten Schüssel aufschlagen und mit dem Zucker verrühren. Eier, Butter, Salz und warmes Wasser (bis auf eine halbe Tasse, ca. 50 ml) hinzufügen. Den Teig mit dem elektrischen Knethaken oder einem Kochlöffel ca. 8 Min. kräftig rühren. Bei Bedarf noch etwas Wasser hinzufügen. Die Schüssel mit Frischhaltefolie zudecken und den Teig 12–15 Std. (über Nacht) im Kühlschrank ruhen lassen.

3 Die Form einfetten. Den Teig kurz zusammenschlagen. Bei Verwendung einer Briocheform ein ungefähr apfelgroßes Teigstück abnehmen und zu einer Kugel mit kleinem Zapfen (**Bild 1**) formen. Den restlichen Teig in die Form setzen, in die Mitte eine Mulde drücken und die kleine Teigkugel mit dem Zapfen hineindrücken (**Bild 2**). Den Teig zugedeckt an einem warmen Ort noch einmal ca. 2 Std. ruhen lassen, bis sich das Volumen ungefähr verdoppelt hat (**Bild 3**).

4 Den Backofen auf 200° vorheizen (Umluft nicht geeignet). Das Eigelb mit etwas Wasser verrühren und die Teigoberfläche damit bestreichen. Die Brioche auf der zweiten Schiene von unten ca. 40 Min. backen und auf einem Kuchengitter abkühlen lassen.

Besonders clever!

Sie mögen lieber **kleine Brioches**? Dann verteilen Sie drei Viertel des Teigs auf die zwölf Mulden einer Muffinform. Aus dem Rest zwölf Kügelchen formen und obendrauf drücken.

Baguette

am liebsten täglich | *Zubereitung: ca. 30 Min.* | *Ruhen: ca. 8 Std.* | *Backen: ca. 40 Min.* | *Pro 100 g: 310 kcal*

Für 2 Baguettes von 300 g

Für den Vorteig:

20 g Hefe (ca. 1/2 Würfel)
1 TL Zucker
2 EL Weizenmehl Type 550
5 EL warmes Wasser

Für den Hauptteig:

300 g Weizenmehl Type 550
150 g Mehl Tipo 00 oder
  Pasta- und Pizzamehl
  (siehe S. 7)
1 TL Salz
ca. 350 ml warmes Wasser

Außerdem:

Mehl zum Bearbeiten
Butter für das Backblech
3 dicke Küchentücher

1 Für den Vorteig Hefe mit Zucker, Mehl und warmem Wasser glatt rühren und 10 Min. ruhen lassen.

2 Für den Hauptteig beide Mehlsorten mit Salz und Vorteig mischen. Das Wasser bis auf eine halbe Tasse (ca. 50 ml) dazugießen. Alles mit dem elektrischen Knethaken oder einem Kochlöffel ca. 5 Min. kräftig rühren, bis sich der Teig vom Schüsselrand löst. Bei Bedarf noch etwas Wasser hinzufügen. Den Teig zugedeckt an einem warmen Ort 2 Std. ruhen lassen.

3 Den Teig 10 Min. auf einer bemehlten Arbeitsfläche von links nach rechts, von rechts nach links, von vorn nach hinten und von hinten nach vorn zusammenschlagen und mit den Handballen zusammendrücken, dann zur Kugel formen und in einer bemehlten Schüssel zugedeckt ca. 4 Std. warm ruhen lassen, bis sich das Volumen verdoppelt hat.

4 Den Teig kurz zusammenschlagen. Auf der gut bemehlten Arbeitsfläche zwei Brote von 30 cm Länge formen und auf das gefettete Backblech legen. Die zusammengerollten Tücher so um die Brote legen, dass diese in Form bleiben und nicht zu sehr in die Breite gehen. Die Baguettes offen noch einmal ca. 2 Std. an einem warmen Ort ruhen lassen, bis sich das Volumen verdoppelt hat.

5 Den Backofen auf 230° vorheizen (Umluft nicht geeignet). Die Küchentücher entfernen. Die Teigoberflächen schräg dreimal einschneiden. Blech und Brote mit Wasser besprühen und die Baguettes auf der mittleren Schiene ca. 10 Min. backen. Die Hitze auf 210° herunterregeln und weitere 20 Min. backen, dann das Blech auf die unterste Schiene schieben und die Baguettes nur mit Unterhitze in weiteren ca. 10 Min. fertig backen.

Fougasse

originell | *Zubereitung: ca. 30 Min.* | *Ruhen: ca. 5 Std.* | *Backen: ca. 30 Min.* | *Pro 100 g: ca. 255 kcal*

Für 2 Brote von 425 g

Für den Vorteig:

20 g Hefe (ca. 1/2 Würfel)
1 TL Zucker
100 g Dinkelmehl Type 630
200 ml warmes Wasser

Für den Hauptteig:

400 g Weizenmehl Type 1050
1 TL Salz
abgeriebene Schale von
  1/2 Bio-Orange
1 EL getrockneter Rosmarin
ca. 200 ml warmes Wasser
1 EL Orangenblütenwasser
  (türkischer Laden, nach
  Belieben)
4 EL Olivenöl

Außerdem:

feines Maismehl oder Weizenmehl zum Bearbeiten
Butter für die Backbleche

1 Für den Vorteig die Hefe in eine Schüssel bröckeln, mit Zucker, Mehl und Wasser glatt rühren. Zugedeckt an einem warmen Ort 1 Std. 30 Min. ruhen lassen.

2 Für den Hauptteig Mehl mit Gewürzen und Vorteig grob mischen. Wasser bis auf eine halbe Tasse (ca. 50 ml) mit Orangenblütenwasser und Öl mischen, zum Mehl gießen und mit dem elektrischen Knethaken oder einem Kochlöffel kräftig 5 Min. rühren, bis sich der Teig vom Schüsselrand löst. Bei Bedarf noch etwas Wasser hinzufügen. Den Teig zugedeckt ca. 2 Std. warm ruhen lassen.

3 Den Teig auf die dick bemehlte Arbeitsfläche stürzen und halbieren. Jedes Teigstück zu einem Dreieck drücken und einmal von der Schmalseite her zusammenklappen (**Bild 1**). Zwei Backbleche einfetten, die Fladen darauflegen und mit einem kleinen Teigroller unregelmäßig auf ca. 2/3 der Fläche ausrollen (**Bild 2**). Zugedeckt ca. 1 Std. ruhen lassen, bis sich das Volumen verdoppelt hat.

4 Die Teigfladen unregelmäßig, mal lang, mal kurz, einschneiden und die Schnitte mit einem geölten Kochlöffelstiel etwas auseinanderdrücken (**Bild 3**). Die Brote offen noch einmal ca. 30 Min. ruhen lassen.

5 Den Backofen auf 250° vorheizen (Umluft nicht geeignet). Die Ofenwände mit Wasser besprühen oder eine ofenfeste Schale mit Wasser auf den Ofenboden stellen. Den ersten Fladen auf der mittleren Schiene ca. 15 Min. backen. Herausnehmen, erneut sprühen und den zweiten Fladen ebenso backen.

Toskanisches
Landbrot

Klassiker | *Zubereitung: ca. 30 Min.* | *Ruhen: ca. 5 Std. 30 Min.* | *Backen: ca. 45 Min.* | *Pro 100 g: ca. 275 kcal*

Für 1 Brot von 700 g

Für den Vorteig:

20 g Hefe (ca. 1/2 Würfel)
8 EL warmes Wasser
1 TL Zucker
5 EL Weizenmehl Type 550

Für den Hauptteig:

300 g Weizenmehl Type 550
50 g Weizenvollkornmehl
50 g Roggenmehl Type 997
1 TL Salz
50 g flüssiger Sauerteig (selbst
   angesetzt oder im Beutel)
ca. 300 ml warmes Wasser

Außerdem:

Mehl zum Bearbeiten
Öl zum Bearbeiten
Butter für das Backblech

1 Für den Vorteig die Hefe in eine Schüssel bröckeln und mit dem warmen Wasser glatt rühren. Zucker und Mehl dazugeben und gut mischen. Zugedeckt an einem warmen Ort 30 Min. ruhen lassen.

2 Für den Hauptteig Mehle, Salz und Sauerteig grob mit dem Vorteig mischen. Das warme Wasser bis auf eine halbe Tasse (ca. 50 ml) dazugeben und mit dem elektrischen Knethaken oder einem Kochlöffel 5 Min. rühren, bis sich der Teig vom Schüsselrand löst. Bei Bedarf noch Wasser dazugeben. Den Teig auf der bemehlten Arbeitsfläche ca. 10 Min. zusammenfalten und -drücken, dabei Hände und Arbeitsfläche immer wieder mit etwas Mehl bestäuben. Eine Schüssel mit Mehl ausstreuen und den Teig darin zugedeckt an einem warmen Ort ca. 3 Std. ruhen lassen, bis sich sein Volumen verdreifacht hat.

3 Den Teig auf der gut bemehlten Arbeitsfläche noch einmal ca. 10 Min. kneten, bis er sehr elastisch ist. Hände und Schüssel einölen. Den Teig dreimal zusammenfalten und in der Schüssel zugedeckt an einem warmen Ort ca. 2 Std. ruhen lassen, bis sich sein Volumen verdoppelt hat.

4 Den Backofen auf 230° vorheizen (Umluft nicht geeignet). Ein Backblech einfetten und den Teig aus der Schüssel behutsam daraufgleiten lassen. Die Oberfläche mit etwas Mehl bestreuen. Eine ofenfeste Schale mit Wasser auf den Ofenboden stellen und das Brot auf der zweiten Schiene von unten ca. 45 Min. backen. Herausnehmen und auf einem Kuchengitter abkühlen lassen.

Focaccia

Lieblingsbrot
Zubereitung: ca. 35 Min. | Ruhen: ca. 4 Std. 10 Min. | Backen: ca. 30 Min. | Pro 100 g: ca. 330 kcal

Für 1 Focaccia von 850 g

Für den Vorteig:

30 g Hefe (ca. 3/4 Würfel)
1 TL Zucker
2 EL Weizenmehl Type 550
6 EL warmes Wasser

Für den Haupteig:

300 g Weizenmehl Type 550
200 g Mehl Tipo 00 oder Pasta-
  und Pizzamehl (siehe S. 7)
1 1/2 TL Salz
1 EL getrockneter Oregano
70 ml Olivenöl
ca. 300 ml warmes Wasser

Außerdem:

Mehl und Öl zum Bearbeiten
Butter für das Backblech
4 EL frische Rosmarinnadeln
grobes Meersalz
3 EL Olivenöl zum Beträufeln

1 Für den Vorteig die Hefe in ein Schälchen bröckeln, mit Zucker, Mehl und Wasser glatt rühren. Zugedeckt 10 Min. ruhen lassen.

2 Für den Haupteig beide Mehlsorten mit Salz und Oregano sowie dem Vorteig grob mischen. Warmes Wasser bis auf eine halbe Tasse (ca. 50 ml) mit dem Öl verrühren und zum Mehl gießen. Den Teig mit dem elektrischen Knethaken oder einem Kochlöffel 5 Min. kräftig rühren. Bei Bedarf etwas Wasser hinzufügen. Den Teig mit bemehlten Händen mehrmals in der Luft auseinanderziehen und zusammen-drücken. Die Hände mit Öl einreiben, den Teig zu einer Kugel formen und in einer mit Mehl ausgestreuten Schüssel zugedeckt an einem warmen Ort ca. 2 Std. ruhen lassen, bis sich das Volumen verdoppelt hat.

3 Ein Backblech einfetten. Den Teig einmal zusammen-drücken, auf der mit Mehl bestreuten Arbeitsfläche back-blechgroß ausrollen und aufs Blech legen. Zugedeckt ca. 2 Std. ruhen lassen, bis sich das Volumen verdoppelt hat.

4 Mit den Fingern Mulden in den Teig drücken, die Ober-fläche mit Rosmarinnadeln und Salz bestreuen und mit Olivenöl beträufeln. Den Backofen auf 250° vorheizen (Umluft nicht geeignet). Die Focaccia auf der mittleren Schiene ca. 30 Min. backen.

Gefüllte Variante

125 getrocknete Tomaten in Öl und **4 Sardellenfilets** abtropfen lassen, fein hacken. **1 Kugel Mozzarella** würfeln. **10 grüne** und **10 schwarze Oliven** entkernen und klein schneiden. **6 Scheiben Parmaschinken** in Streifen schneiden. Alles **mit 2 EL Öl** und **4 EL ge-riebenem Parmesan** mischen, salzen und pfeffern.

Den Teig zu zwei gleich großen Platten ausrollen. Eine auf das gefettete Backblech legen, mit der Füllung bestreichen, dabei einen Rand frei lassen und diesen mit **1 Eigelb** bestreichen. Die zweite Teigplatte darauf-legen und die Ränder gut andrücken. Mit **Olivenöl** beträufeln und wie oben backen.

Türkisches
Fladenbrot

beliebter Klassiker | *Zubereitung: ca. 30 Min.* | *Ruhen: ca. 3 Std.* | *Backen: ca. 35 Min.* | *Pro 100 g: ca. 390 kcal*

Für 1 Brot von 650 g

Für den Vorteig:

20 g Hefe (ca. 1/2 Würfel)
1 TL Zucker
2 EL Weizenmehl Type 550
100 ml warmes Wasser

Für den Hauptteig:

400 g Weizenmehl Type 550
100 g Hartweizenmehl oder
   Hartweizengrieß
1 TL Salz
ca. 250 g warmes Wasser
4 EL Öl

Außerdem:

Mehl und Öl zum Bearbeiten
Butter für das Backblech
Sesam- und Schwarzkümmel-
   samen zum Bestreuen

1 Für den Vorteig die Hefe in eine Schälchen bröckeln. Mit Zucker, Mehl und warmem Wasser glatt rühren. Zugedeckt 1 Std. ruhen lassen.

2 Für den Hauptteig das Weizenmehl in einer Schüssel mit dem Hartweizenmehl oder Hartweizengrieß und Salz mischen. Den Vorteig hinzufügen und grob vermengen. Das warme Wasser bis auf eine halbe Tasse (ca. 50 ml) mit dem Öl mischen, zum Mehl gießen und den Teig mit dem elektrischen Knethaken oder einem Kochlöffel ca. 5 Min. kräftig rühren. Bei Bedarf noch etwas Wasser hinzufügen.

3 Den Teig mit etwas Mehl bestäuben und mit den Händen einige Minuten in der Schüssel auseinanderziehen, zusammenschlagen und zusammendrücken, bis er nicht mehr klebt und elastisch ist. Den Teig zu einer Kugel formen und rundherum mit etwas Öl einreiben. Die Teigkugel zurück in die Schüssel legen und zugedeckt an einem warmen Ort ca. 1 Std. ruhen lassen, bis sich das Volumen verdoppelt hat.

4 Ein Backblech einfetten. Den Teig aus der Schüssel aufs Backblech stürzen. Den Teig mit eingefetteten Händen zu einem Fladen (Ø ca. 28 cm) auseinanderdrücken. Die Teigoberfläche mit etwas Wasser bestreichen, mit einem Messer ein Karomuster in die Teigoberfläche ritzen und das Brot mit Sesam und Schwarzkümmel bestreuen. Den Fladen offen an einem warmen Ort ca. 1 Std. ruhen lassen, bis sich das Volumen verdoppelt hat.

5 Den Backofen auf 220° vorheizen (Umluft nicht geeignet). Das Fladenbrot auf der mittleren Schiene 25–35 Min. backen. Auf einem Kuchengitter auskühlen lassen.

103

Tunesischer
Grießfladen

locker | *Zubereitung: ca. 25 Min.* | *Ruhen: ca. 2 Std. 40 Min.* | *Backen: ca. 35 Min.* | *Pro 100 g: ca. 470 kcal*

Für 1 Brot von 800 g

Für den Vorteig:

42 g Hefe (1 Würfel)
1 TL Zucker
4 EL Weizenmehl Type 550
100 ml warme Milch

Für den Hauptteig:

300 g Weizenmehl Type 550
200 g Weichweizengrieß
1 TL Salz
2 EL flüssiger Honig
125 ml Olivenöl
ca. 100 ml warmes Wasser

Außerdem:

Mehl und Öl zum Bearbeiten
Butter für das Backblech
1 Eigelb | 1 EL Milch
5 EL Sesamsamen

Clever variiert

Dieses weiche Fladenbrot ist in **Nordafrika** sehr beliebt, weil man damit die würzig-scharfe Sauce der Schmorgerichte aus der typischen Keramikform Tajine gut aufnehmen kann. Für ein **süßes Brot** zusätzlich 2 EL flüssigen Honig zum Teig geben.

1 Für den Vorteig die Hefe in ein Schälchen bröckeln. Mit Zucker, Mehl und warmer Milch glatt rühren. Zugedeckt an einem warmen Ort 10 Min. ruhen lassen.

2 Für den Hauptteig das Mehl in eine Schüssel geben. Mit Grieß, Salz und dem Vorteig grob mischen. Honig und Öl mit der Hälfte des Wassers verrühren, zum Mehl geben und mit dem elektrischen Knethaken oder einem Kochlöffel ca. 5 Min. kräftig rühren. Bei Bedarf noch etwas Wasser hinzufügen.

3 Den Teig auf der bemehlten Arbeitsfläche zehnmal von links nach rechts, von rechts nach links, von vorn nach hinten und von hinten nach vorn zusammendrücken und zusammenschlagen. Eine Schüssel mit etwas Öl einreiben. Den Teig zu einer Kugel formen und ebenfalls leicht einölen. Den Teig in der Schüssel zugedeckt an einem warmen Ort ca. 2 Std. ruhen lassen, bis sich das Volumen ungefähr verdoppelt hat.

4 Das Backblech einfetten. Den Teig vorsichtig auf das Backblech stürzen und zu einem Fladen auseinanderdrücken. Das Eigelb mit etwas Milch verrühren, die Teigoberfläche damit bestreichen und mit Sesam bestreuen. Offen noch einmal 30 Min. ruhen lassen.

5 Den Backofen auf 210° vorheizen (Umluft nicht geeignet). Die Wände mit etwas Wasser besprühen oder eine ofenfeste Schale mit Wasser auf den Ofenboden stellen. Den Fladen auf der mittleren Schiene ca. 35 Min. backen und auf einem Kuchengitter auskühlen lassen.

Jüdische Challah

außergewöhnlich | *Zubereitung: ca. 30 Min.* | *Ruhen: ca. 15 Std.* | *Backen: ca. 45 Min.* | *Pro 100 g: ca. 360 kcal*

Für 1 Brot von 800 g

Für den Vorteig:

30 g Hefe
1 TL Zucker
100 g Hartweizenmehl oder
  Hartweizengrieß
150 ml warmes Wasser

Für den Hauptteig:

400 g doppelgriffiges Mehl
  (siehe S. 7)
1 TL Salz | 2 Eier (Größe M)
75 g weiche Butter
50 g flüssiger Honig
ca. 100 g warmes Wasser

Außerdem:

Plastiktüte oder Bratschlauch
Mehl zum Bearbeiten
Butter für das Backblech
1 Eigelb
1 EL Mohnsamen
1 EL Sesamsamen

Besonders clever!

Sie können dieses Brot, das gern zum Sabbat gereicht wird, auch als **Zopf** servieren. Formen Sie den Teig wie auf S. 27 beschrieben, bestreichen Sie ihn mit Eigelb und bestreuen Sie ihn mit Mohn und Sesam. Wie rechts backen.

1 Für den Vorteig die Hefe in eine Schüssel bröckeln. Mit Zucker, Mehl und Wasser glatt rühren. Die Schüssel in eine Plastiktüte (Bratschlauch) stecken und an einem warmen Ort ca. 12 Std. (über Nacht) ruhen lassen.

2 Für den Hauptteig das Mehl in einer Schüssel grob mit Salz und dem Vorteig mischen. Die Eier mit der Butter schaumig rühren. Den Honig mit dem Wasser (bis auf eine halbe Tasse, ca. 50 ml) verrühren. Eier-Butter-Masse und Flüssigkeit zum Mehl geben und mit dem elektrischen Knethaken oder einem Kochlöffel ca. 5 Min. kräftig rühren, bis sich der Teig vom Schüsselrand löst. Bei Bedarf noch etwas Wasser hinzufügen. Den Teig zugedeckt an einem warmen Ort ca. 2 Std. ruhen lassen, bis sich das Volumen verdoppelt hat.

3 Den Teig auf der bemehlten Arbeitsfläche zu einer etwa 35 cm langen Rolle formen. Ein Backblech einfetten. Den Teigstrang auf dem Backblech zu einer Schnecke zusammenlegen. Beide Teigenden flach drücken und unter den Teig schieben.

4 Das Eigelb mit etwas Wasser verrühren. Die Teigoberfläche damit bestreichen und sofort mit Mohn und Sesam bestreuen. Die Challah offen an einem warmen Ort noch einmal ca. 1 Std. ruhen lassen, bis sich das Volumen verdoppelt hat.

5 Den Backofen auf 200° vorheizen (Umluft nicht geeignet). Die Wände mit etwas Wasser besprühen oder eine ofenfeste Schale mit Wasser auf den Ofenboden stellen. Das Brot auf der zweiten Schiene von unten ca. 45 Min. backen und auf einem Kuchengitter auskühlen lassen.

Schwedisches Vollkornbrot

superschnell | *Zubereitung: ca. 20 Min.* | *Backen: ca. 45 Min.* | *Pro 100 g: ca. 335 kcal*

Für 1 Brot von 700 g

50 g Weizenvollkornschrot
50 g Haferflocken
200 g Weizenvollkornmehl
200 g Weizenmehl Type 550
1 TL Salz
1 EL Dillsamen (nach Belieben)
1 1/2 Pck. Backpulver
4 EL Rapsöl oder anderes
   Pflanzenöl
1 Ei (Größe M)
1 TL Zuckerkulör
   (nach Belieben)
ca. 400 ml Buttermilch

Außerdem:

1 Kastenform (30 cm Länge)
Butter für die Form

1 In einer Schüssel Schrot, Haferflocken, Vollkornmehl, Weizenmehl, Salz, Dillsamen (falls verwendet) und Backpulver mischen. Öl mit Ei und Zuckerkulör verrühren, ebenfalls in die Schüssel geben und alles grob vermengen.

2 Die Buttermilch bis auf eine halbe Tasse (ca. 50 ml) dazugießen und alles mit dem elektrischen Knethaken oder einem Kochlöffel ca. 3 Min. gründlich verrühren. Ist der Teig zu trocken, noch etwas Buttermilch hinzufügen.

3 Den Backofen auf 200° vorheizen (Umluft nicht geeignet). Die Backform einfetten, den Teig einfüllen, glatt streichen, Oberfläche mit einem Messer längs einmal einschneiden und das Brot auf der zweiten Schiene von unten ca. 45 Min. backen. Das Brot auf ein Kuchengitter stürzen und auskühlen lassen. Dieses Brot schmeckt am besten am Backtag.

Ciabatta

Lieblingsbrot | *Zubereitung: ca. 25 Min.* | *Ruhen: ca. 16 Std.* | *Backen: ca. 30 Min.* | *Pro 100 g: ca. 370 kcal*

Für 1 Brot von 450 g

20 g Hefe (ca. 1/2 Würfel)
1 TL Zucker
100 g Weizenmehl Type 550
ca. 275 ml warmes Wasser
200 g Mehl Tipo 00 oder
    Pasta- und Pizzamehl
    (siehe S. 7)
50 g Hartweizenmehl
1 TL Salz
4 EL Olivenöl

Außerdem:

Plastiktüte oder Bratschlauch
Mehl zum Bestreuen
Butter für das Backblech

1 Hefe, Zucker, Weizenmehl und 125 ml Wasser glatt rühren und in einer Plastiktüte ca. 12 Std. warm ruhen lassen.

2 Restliche trockene Zutaten mit dem Vorteig grob mischen. 100 ml warmes Wasser mit dem Öl zum Mehl geben und ca. 5 Min. kräftig rühren, bis sich der Teig vom Schüsselrand löst. Bei Bedarf noch Wasser zugeben. Teig zugedeckt ca. 3 Std. warm ruhen lassen, bis sich das Volumen ungefähr verdoppelt hat.

3 Ein Backblech einfetten. Den Teig daraufstürzen, zu einem länglichen Laib auseinanderziehen und mit einer Haube aus Alufolie oder einer umgedrehten großen Schüssel abdecken. 1 Std. ruhen lassen. Den Backofen auf 240° vorheizen (Umluft nicht geeignet). Das Brot mit Wasser besprühen und mit Mehl bestreuen. 1/3 Glas Wasser auf den Ofenboden gießen und das Brot auf der mittleren Schiene ca. 15 Min. backen. Danach die Temperatur auf 210° reduzieren und das Brot in weiteren 15 Min. fertig backen.

Griechisches
Osterbrot

traditionell | *Zubereitung: ca. 50 Min.* | *Ruhen: ca. 16 Std.* | *Backen: ca. 1 Std.* | *Pro 100 g: ca. 430 kcal*

Für 1 Brot von 1,2 kg

Für den Vorteig:

42 g Hefe (1 Würfel)
1 TL Zucker
4 EL Weizenmehl Type 550
8 EL warmes Wasser

Für den Hauptteig:

750 g Weizenmehl Type 550
1 TL Salz
75 g Zucker
1 TL gemahlener Anis
3 Eier (Größe M)
150 g weiche Butter
ca. 250 ml warme Milch

Außerdem:

Mehl zum Bearbeiten
Butter für das Backblech
1 Eigelb
Hagelzucker zum Bestreuen
4 hart gekochte Eier, rot gefärbt

1 Die Zutaten für den Vorteig glatt rühren. Zugedeckt an einem warmen Ort 12 Std. (über Nacht) ruhen lassen.

2 Für den Hauptteig Mehl mit Salz, Zucker, Anis und dem Vorteig grob mischen. Eier, Butter und die warme Milch (bis auf eine halbe Tasse, ca. 50 ml) zum Mehl geben und mit dem elektrischen Knethaken oder einem Kochlöffel 5 Min. kräftig rühren. Bei Bedarf noch Milch hinzufügen.

3 Den Teig auf der bemehlten Arbeitsfläche zehnmal zusammenschlagen und mit den Handballen zusammendrücken, dann zu einer Kugel formen und in einer bemehlten Schüssel zugedeckt ca. 3 Std. warm ruhen lassen, bis sich das Volumen verdoppelt hat.

4 Ein Backblech einfetten. Den Teig einmal zusammenschlagen, auf der bemehlten Arbeitsfläche 4 Stränge von ca. 25 cm Länge formen und schneckenförmig aufrollen. Aufs Backblech legen und die Schnecken dicht aneinanderdrücken. Zugedeckt noch einmal ca. 1 Std. warm ruhen lassen, bis sich das Volumen verdoppelt hat.

5 Den Backofen auf 200° vorheizen (Umluft nicht geeignet). Die Wände mit etwas Wasser besprühen oder eine Schale mit Wasser auf den Ofenboden stellen. Das Brot auf der zweiten Schiene von unten 50 Min. backen, dann herausnehmen. Das Eigelb mit etwas Wasser verrühren, die Teigoberfläche damit bestreichen und mit Hagelzucker bestreuen. In die Mitte jeder Schnecke 1 Ei drücken. Das Brot weitere 10 Min. backen und auf einem Kuchengitter auskühlen lassen.

Georgisches Käsebrot

macht was her

Zubereitung: ca. 1 Std. 10 Min. | Ruhen: ca. 5 Std. 15 Min. | Backen: ca. 1 Std. | Pro 100 g: ca. 380 kcal

Für 1 Brot von 1,4 kg

Für den Vorteig:

42 g Hefe (1 Würfel)
1 TL Zucker
2 EL Weizenmehl Type 550
100 ml warmes Wasser

Für den Hauptteig:

500 g Weizenmehl Type 550
1 TL Salz
1/2 TL gemahlener Kümmel
ca. 125 ml warmer Kefir
125 g weiche Butter | 2 Eigelb

Für die Füllung:

1 Bund Frühlingszwiebeln
2 Knoblauchzehen
1 EL Butter
125 g Quark (20 % Fett)
1 Eigelb
250 g weicher Camembert
150 g Schafskäse (Feta)
250 g mittelalter Gouda
1 Bund Petersilie
Pfeffer | Salz

Außerdem:

Mehl zum Bearbeiten
1 Springform (26–28 cm)
Butter für die Form
1 Eiweiß

1 Für den Vorteig die Hefe mit Zucker, Mehl und Wasser glatt rühren. Zugedeckt ca. 1 Std. warm ruhen lassen.

2 Für den Hauptteig das Mehl mit dem Salz und dem Kümmel mischen. Vorteig und Kefir (bis auf eine halbe Tasse, ca. 50 ml) dazugeben und 5 Min. kräftig rühren. Bei Bedarf noch Kefir hinzufügen. Den festen Teig bemehlen und in der Schüssel ca. 5 Min. mit der Hand kneten. Zugedeckt 15 Min. ruhen lassen. Butter und Eigelbe cremig aufschlagen und mit den Knethaken unterarbeiten. Den Teig in einer Schüssel zugedeckt ca. 2 Std. warm ruhen lassen, bis sich das Volumen verdoppelt hat.

3 Für die Füllung die Frühlingszwiebeln putzen, waschen, in schmale Ringe schneiden. Knoblauch schälen, würfeln. Beides in der Butter ca. 2 Min. weich schmoren und leicht abgekühlt mit Quark und Eigelb mischen. Käse mit einer Gabel zerdrücken bzw. raspeln. Petersilie waschen, trocken schütteln und die Blättchen fein hacken. Alles verrühren, pfeffern und salzen.

4 Die Backform fetten. Den Teig auf der bemehlten Arbeitsfläche zu einem Kreis (Ø ca. 60 cm) ausrollen. Zusammengefaltet in die Form legen und wieder auseinanderfalten. Die Füllung hineingeben (**Bild 1**). Den Teig in feinen Falten darüber zusammenschlagen (**Bild 2**) und die Teigzipfel in der Mitte zusammendrehen (**Bild 3**). Das Brot zugedeckt ca. 2 Std. ruhen lassen.

5 Den Backofen auf 190° vorheizen (Umluft nicht geeignet). Eiweiß leicht anschlagen, etwas davon auf das Brot streichen und das Brot auf der zweiten Schiene von unten ca. 1 Std. backen. Das Brot noch heiß mit dem restlichen Eiweiß bestreichen. Ofenwarm servieren.

Kanadisches Cranberrybrot

feinfruchtig | *Zubereitung: ca. 25 Min.* | *Ruhen: 3 Std. 15 Min.* | *Backen: ca. 45 Min.* | *Pro 100 g: ca. 440 kcal*

Für 1 Brot von 850 g

125 g getrocknete Cranberrys
150 ml Cranberry- oder
  Apfelsaft
100 g Pekannusskerne
100 g Cheddarkäse oder
  Bergkäse (nach Belieben)
125 g Dinkelmehl Type 630
250 g Weizenmehl Type 550
30 g Hefe (ca. 3/4 Würfel)
4 EL + ca. 250 ml warmes
  Wasser
1/2 TL Salz
1 gehäufter EL Baguetteback
  (siehe S. 9)
6 EL Olivenöl
50 ml Ahornsirup

Außerdem:

Mehl zum Bearbeiten
1 Kastenform
  (26–28 cm Länge)
Butter für die Form
1 Eigelb

1 Die Cranberrys 2 Std. im Saft einweichen. Die Pekannusskerne grob hacken, den Käse grob raspeln.

2 Beide Mehlsorten in eine Schüssel geben. Mit einem Kochlöffel eine Mulde hineindrücken, die Hefe hineinbröckeln und mit Zucker, 4 EL Wasser und etwas Mehl vom Rand glatt rühren. Zugedeckt 15 Min. ruhen lassen.

3 Salz, Baguetteback, Öl, Ahornsirup und das restliche Wasser bis auf eine halbe Tasse (ca. 50 ml) zum Mehl geben. Den Teig mit dem elektrischen Knethaken oder einem Kochlöffel 5 Min. kräftig rühren, bis er sich vom Schüsselrand löst. Den Teig zugedeckt ca. 2 Std. warm ruhen lassen, bis sich das Volumen verdoppelt hat.

4 Die Cranberrys abgießen, gut abtropfen lassen und mit etwas Mehl mischen. Zusammen mit den Nüssen und dem Käse unter den Teig arbeiten. Bei Bedarf noch etwas Wasser hinzufügen. Die Form einfetten und den Teig hineinfüllen. Das Eigelb mit etwas Wasser verrühren. Die Teigoberfläche damit bestreichen, mit einem Messer längs einmal einschneiden und mit etwas Mehl bestreuen. Zugedeckt 1 Std. ruhen lassen.

5 Den Backofen auf 220° vorheizen (Umluft nicht geeignet). Das Brot auf der zweiten Schiene von unten ca. 45 Min. backen. Das Brot auf einem Kuchengitter auskühlen lassen.

Variante mit Walnüssen und Kirschen

Die Kombination von fruchtig und nussig funktioniert auch mit Walnüssen und Kirschen: Ersetzen Sie die Cranberrys durch **125 g getrocknete,** in Kirschsaft eingeweichte **Kirschen** und die Pekannüsse durch **100 g Walnusskerne**. Den Käse lassen Sie weg. Verwenden Sie statt des Olivenöls aromatisches **Walnussöl**. Dieses Brot können Sie auch nur mit Weizenmehl Type 550 oder mit Dinkelmehl Type 630 backen.

Russische Quarkbrötchen

süß gefüllt | Zubereitung: ca. 1 Std. | Ruhen: ca. 5 Std. | Backen: ca. 1 Std. 10 Min. | Pro Stück: ca. 250 kcal

Für 18 Brötchen

500 g Weizenmehl Type 550
42 g Hefe (1 Würfel)
4 TL + 125 g Zucker
1/4 TL Salz
125 g weiche Butter
2 Eigelb + 1 Ei (Größe M)
ca. 250 ml warmer Kefir
500 g Magerquark
1 Pck. Vanillezucker
2 EL Zitronensaft
1 EL Speisestärke

Außerdem:

Mehl zum Bearbeiten
Fett für die Backbleche
4 EL flüssige Butter

1 Das Mehl in eine Schüssel geben, die Hefe darüberbröckeln. 4 TL Zucker, Salz, Butter, Eigelbe und Kefir (bis auf ca. 50 ml) dazugeben. Alles ca. 5 Min. kräftig rühren. Bei Bedarf noch Kefir hinzufügen. Zugedeckt ca. 3 Std. ruhen lassen, bis sich das Volumen verdoppelt hat.

2 Quark in einem Sieb abtropfen lassen, mit Ei, 125 g Zucker, Vanillezucker, Zitronensaft und Stärke glatt rühren. Aus dem Teig auf der bemehlten Arbeitsfläche zwei Stränge formen, in je neun Stücke teilen und diese zu runden Brötchen formen. Auf zwei gefettete Backbleche legen, zugedeckt ca. 2 Std. warm ruhen lassen, bis sich das Volumen verdoppelt hat.

3 In jedes Teigstück eine Mulde drücken und mit Quark füllen. Den Backofen auf 220° vorheizen (Umluft nicht geeignet) und die Brötchen auf der mittleren Schiene nacheinander ca. 35 Min. backen. Herausnehmen und noch warm mit flüssiger Butter bestreichen.

Hamburgerbrötchen

locker | *Zubereitung: ca. 40 Min.* | *Ruhen: ca. 3 Std. 15 Min.* | *Backen: ca. 20 Min.* | *Pro Stück: ca. 190 kcal*

Für 8 Brötchen

Für den Vorteig:

15 g Hefe (ca. 1/3 Würfel)
1 TL Zucker
4 EL warmes Wasser

Für den Hauptteig:

350 g doppelgriffiges Mehl
  (siehe S. 7)
1/2 TL Salz | 1 Ei (Größe M)
ca. 150 ml warme Milch

Außerdem:

Mehl zum Bearbeiten
Butter für das Backblech
Milch + 1 Prise Salz zum
Bestreichen | 2 EL Sesam

1 Für den Vorteig die Hefe mit Zucker und Wasser glatt rühren. Zugedeckt 15 Min. ruhen lassen.

2 Für den Hauptteig das Mehl grob mit Salz, Ei und dem Vorteig mischen. Die warme Milch bis auf eine halbe Tasse (ca. 50 ml) dazugießen und ca. 5 Min. kräftig rühren, bis sich der Teig vom Schüsselrand löst. Bei Bedarf noch etwas Milch hinzufügen. Zugedeckt ca. 2 Std. warm ruhen lassen, bis sich das Volumen verdoppelt hat.

3 Auf wenig Mehl acht Kugeln formen, auf das gefettete Blech legen, mit gesalzener Milch bestreichen und mit Sesam bestreuen. Die Brötchen mit Alufolie zugedeckt ca. 1 Std. ruhen lassen, bis sich das Volumen verdoppelt hat. Die Teigoberflächen noch einmal mit Milch bestreichen. Den Backofen auf 230° vorheizen (Umluft nicht geeignet). Die Brötchen auf der mittleren Schiene 5 Min. backen, dann bei 200° in ca. 15 Min. fertig backen.

Mexikanische
Maisbrötchen

ausgefallen | *Zubereitung: ca. 30 Min.* | *Ruhen: ca. 2 Std.* | *Backen: ca. 35 Min.* | *Pro Stück: ca. 250 kcal*

Für 9 Brötchen

175 g Weizenmehl Type 550
175 g gelbes oder weißes
   Maismehl
1 TL Salz
1 Pck. Trockenhefe
1 TL Zucker
2 Eier (Größe M)
ca. 150 ml warme Buttermilch
6 EL Olivenöl
1/2 Bund Koriandergrün
8 eingelegte milde grüne
   Pfefferschoten (Peperoni)
1 frische rote Chilischote

Außerdem:

1 rechteckige Backform
   (20 × 20 bis 20 × 34 cm,
   siehe Tipp)
Butter und Maismehl für die
   Form
Öl zum Bestreichen

1 Die beiden Mehlsorten mit Salz, Trockenhefe und Zucker mischen. Dann Eier, Buttermilch (bis auf eine halbe Tasse, ca. 50 ml) und Öl hinzufügen und den Teig mit dem elektrischen Knethaken oder einem Kochlöffel 5 Min. kräftig rühren, bis er sich vom Schüsselrand löst. Bei Bedarf noch etwas Buttermilch hinzufügen. Den Teig zugedeckt ca. 1 Std. warm ruhen lassen, bis sich das Volumen verdoppelt hat.

2 Den Koriander waschen und trocken schütteln, die Blättchen abzupfen und grob hacken. Die Peperoni an der Spitze anschneiden und die Flüssigkeit ausdrücken. Die Chili putzen, längs halbieren, Samen entfernen, die Chilihälften waschen und mit den Peperoni grob würfeln. Zusammen mit dem Koriander kurz unter den Teig mischen. Die Form einfetten, mit etwas Maismehl ausstreuen und den Teig einfüllen. Zugedeckt an einem warmen Ort ca. 1 Std. ruhen lassen, bis sich das Volumen verdoppelt hat.

3 Den Backofen auf 210° vorheizen (Umluft nicht geeignet). Das Brot auf der mittleren Schiene 25–35 Min. backen. Sofort heiß mit Öl bestreichen und aus der Form stürzen. Umgedreht auf einem Kuchengitter leicht abkühlen lassen, dann in neun Brötchen schneiden und lauwarm servieren.

Besonders clever!

Wenn Sie keine rechteckige Backform haben, können Sie den Teig auch in einer **rechteckigen Auflaufform** oder in einer **Springform** (Ø 30 cm) backen. Allerdings gilt: Je größer die Form, desto flacher werden die Brötchen.

Parmesan mit Peperoni

passt zu italienischem Weißbrot

Für 4 Portionen **150 g Parmesan** grob raspeln. **4 eingelegte grüne Peperoni** klein schneiden. **1 rote Chilischote** putzen, waschen, entkernen und fein würfeln. Alle Zutaten in einer Schüssel mischen. **1–2 Knoblauchzehen** schälen, fein würfeln und zur Parmesanmasse geben. **4 EL Peperonisud** mit **5 EL Olivenöl** mischen, mit den übrigen Zutaten vermengen und alles mit **Salz** und **Pfeffer** abschmecken. **4 Stängel Petersilie** waschen, trocken schütteln, die Blätter abzupfen und fein hacken. Zum Schluss unter die Parmesanmischung rühren. Kurz durchziehen lassen und bei Zimmertemperatur servieren.

Fetacreme mit Oliven

passt zu Fladenbrot

Für 4 Portionen **150 g Schafskäse** (Feta) zerdrücken und mit 75 g griechischem Joghurt glatt rühren. **10 schwarze und 10 grüne Oliven** entsteinen und grob würfeln. **1 Knoblauchzehe** schälen und fein würfeln. Beides zur Fetacreme geben und alles mit dem Pürierstab pürieren. **1 Bio-Orange** waschen und von der Hälfte die Schale mit einem Zestenreißer abziehen. Die halbe Frucht auspressen. Etwas Schale klein hacken, mit dem Saft und der Creme mischen und mit **Salz** und **Pfeffer** abschmecken. Vor dem Servieren die Creme mit etwas **Olivenöl** beträufeln und mit der restlichen **Orangenschale** garnieren.

Ungarische Frischkäsecreme

passt zu Weißbrot und gegrilltem Gemüse

Für 6–8 Portionen **1 rote Paprikaschote** vierteln, schälen, putzen und fein würfeln. In wenig Wasser weich kochen und abgießen. 1 EL beiseitelegen, Rest abkühlen lassen. **200 g Doppelrahmfrischkäse** mit den Paprikawürfeln pürieren. **1 kleine rote Chilischote** putzen, waschen, mit oder ohne scharfe Kerne fein würfeln und unter die Creme mischen. **1/2 Salzgurke** waschen, ebenfalls fein würfeln und untermischen. Die Creme mit **Salz**, **Pfeffer**, **Zucker** und **Paprikapulver** pikant abschmecken, in ein Schälchen füllen und mit den zurückgelegten Paprikawürfeln und etwas **Petersilie** garnieren.

Avocadocreme

passt zu Maisbrötchen und Weißbrot

Für 4 Portionen **2 reife Avocados** halbieren und den Kern entfernen. Das Avocadofleisch herauslösen und in einer Schüssel mit einer Gabel zerdrücken. **1 Knoblauchzehe** und **1 Schalotte** schälen und fein hacken. **1 Bio-Limette** waschen, die Schale abreiben und die Frucht auspressen. **1 rote Chilischote** putzen, waschen und fein würfeln. **5 getrocknete Tomaten in Öl** abtropfen lassen und klein schneiden. **1 Bund Koriandergrün waschen**, trocken schütteln und die Blättchen grob hacken. Alles zum Avocadomus geben und mit **1/2 TL gemahlenem Kreuzkümmel (Cumin)**, **1/2 TL Currypulver**, **Salz** und **Pfeffer** würzen. Bis zum Anrichten kühl stellen.

A

Anisfladen 71
Apfelbrot 43
Apfelwein, Grünkern-
fladen mit 47
Avocadocreme 121

B

Backferment
Backferment-Mischbrot 19
Dunkles Hausbrot 65
Feines Kastenweißbrot 29
Warenkunde 9
Weizenvollkornbrot 35
Backmalz 9
Backpflaumenbrot 43
Baguette 95
Baguetteback 9
Bananen-Schoko-Creme 57
Bauernbrot 61
Bierbrot aus dem Wok 41
Brioche 93
Brotaufstriche
Avocadocreme 121
Bananen-Schoko-Creme 87
Currycreme 88
Fetacreme mit Oliven 120
Frischkäse mit Räucherlachs 89
Frischkäsecreme mit Pesto 56
Himbeercreme 57
Körniger Frischkäse mit
Radieschen 89
Parmesan mit Peperoni 120
Thunfischcreme 56
Ungarische Frischkäsecreme 121
Weißwurstsalat 88
Brotgewürz 11
Brot-Käse-Auflauf 23
Brotsalat 22
Brotzeitlaibe, Kernige 67

Buchweizenmehl
Heidebrot 77
Kokosbrot 51
Warenkunde 7
Zwiebelbrot 51
Buttermilchzopf mit Mohn 27

C

Challah, Jüdische 107
Ciabatta 109
Cranberrybrot, Kanadisches 115
Currybrötchen 83
Currycreme 88

D

Dinkelmehl
Apfelbrot 43
Dinkelvollkornbrot 45
Fougasse 97
Grünkernfladen mit Apfelwein 47
Kanadisches Cranberrybrot 115
Quinoabrötchen 84
Wickelbrot 81
Dinkelvollkornbrot 45
Doppelgriffiges Mehl
Feines Kastenweißbrot 29
Hamburgerbrötchen 117
Jüdische Challah 107
Dunkles Hausbrot 65

F

Feigenbrot 74
Fetacreme mit Oliven 120
Fladenbrot, Türkisches 103
Focaccia 101
Fougasse 97
Frischkäse
Currycreme 88
Frischkäse mit Räucherlachs 89
Frischkäsecreme mit Pesto 56

Körniger Frischkäse mit
Radieschen 89
Ungarische Frischkäsecreme 121

G

Gefüllte Focaccia (Variante) 101
Georgisches Käsebrot 113
Gerstenmalz-Extrakt 9
Glutenfreie Rezepte
Currybrötchen 83
Kerndlbrötchen 83
Kokosbrot 51
Schinkenbrot 49
Zwiebelbrot 51
Griechisches Osterbrot 111
Grießfladen, Tunesischer 105
Grünkernfladen mit Apfelwein 47

H

Haferflocken
Haferring 79
Schwedisches Vollkornbrot 108
Haferring 79
Hamburgerbrötchen 117
Hartweizengrieß
Backpflaumenbrot 43
Kakao-Orangen-Brot 31
Hartweizenmehl
Ciabatta 109
Jüdische Challah 107
Kartoffelbrötchen 53
Sonnenblumenbrot 39
Türkisches Fladenbrot 103
Warenkunde 7
Haselnussbrot 73
Haselnussbrot mit Steinpilzen
(Variante) 73
Hausbrot, Dunkles 65
Hausbrot, Helles 33
Hefeweißbrot 15
Heidebrot 77

Heidelbeeraufstrich (Variante) 57
Helles Hausbrot 33
Himbeercreme 57

I J

Ingwer: Kürbis-Ingwer-Brot 30
Jüdische Challah 107

K

Kaiserbrötchen 54
Kakao-Orangen-Brot 31
Kanadisches Cranberrybrot 115
Kartoffelbrötchen 53
Kartoffeln
  Kartoffelbrötchen 53
  Zwiebelbrot 51
Käse
  Brot-Käse-Auflauf 23
  Gefüllte Focaccia (Variante) 101
  Georgisches Käsebrot 113
  Kanadisches Cranberrybrot 115
  Parmesan mit Peperoni 120
Kastenweißbrot, Feines 29
Kernbeißer 71
Kerndlbrötchen 83
Kernige Brotzeitlaibe 67
Kirschenmichel 23
Kokosbrot 51
Körniger Frischkäse mit
  Radieschen 89
Kürbis
  Kürbisbrötchen 87
  Kürbis-Ingwer-Brot 30
Kürbiskerne: Kernbeißer 71

L

Lachs: Frischkäse mit
  Räucherlachs 89
Landbrot, Toskanisches 99

M

Maisbrötchen, Mexikanische 119
Maismehl
  Mexikanische Mais-
  brötchen 119
  Warenkunde 7
  Zwiebelbrot 51
Mandel-Dreikornbrot 37
Mehl Tipo 00
  Baguette 95
  Bierbrot aus dem Wok 41
  Ciabatta 109
  Focaccia 101
  Mexikanische Maisbrötchen 119
Mohn: Buttermilchzopf mit
  Mohn 27

O

Oliven: Fetacreme mit
  Oliven 120
Olivenöl
  Focaccia 101
  Fougasse 97
  Tunesischer Grießfladen 105
Orange
  Fougasse 97
  Kakao-Orangen-Brot 31
  Osterbrot, Griechisches 111

P

Paprika: Ungarische
  Frischkäsecreme 121
Parmesan mit Peperoni 120
Partystangen 55
Pecannüsse: Kanadisches
  Cranberrybrot 115
Peperoni: Mexikanische
  Maisbrötchen 119
Pesto: Frischkäsecreme mit
  Pesto 56

Q

Quark
  Georgisches Käsebrot 113
  Russische Quarkbrötchen 116
Quinoabrötchen 84

R

Radieschen: Körniger Frischkäse
  mit Radieschen 89
Rieslingfladen mit Trauben 69
Roggenmehl
  Backferment-Mischbrot 19
  Bauernbrot 61
  Dunkles Hausbrot 65
  Feigenbrot 74
  Haferring 79
  Haselnussbrot 73
  Helles Hausbrot 33
  Kernbeißer 71
  Rieslingfladen mit Trauben 69
  Roggenschrotbrot (Variante) 17
  Salamistange mit Walnüssen 75
  Sauerteigbrot 17
  Sauerteigbrötchen 85
  Schrot-und-Korn-Brot 63
  Spinatbrötchen 87
  Toskanisches Landbrot 99
Roggenvollkornmehl
  Anisfladen 71
  Backferment-Mischbrot 19
  Dunkles Hausbrot 65
  Kernbeißer 71
  Kürbisbrötchen 87
  Quinoabrötchen 84
  Schrot-und-Korn-Brot 63
Roggenvollkornschrot
  Bauernbrot 61
  Feigenbrot 74
  Haselnussbrot 73
  Heidebrot 77

Kernige Brotzeitlaibe 67
Mandel-Dreikornbrot 37
Rieslingfladen mit Trauben 69
Roggenschrotbrot (Variante) 17
Salamistange mit Walnüssen 75
Schrot-und-Korn-Brot 63
Spinatbrötchen 87
Russische Quarkbrötchen 116

S

Salamistange mit Walnüssen 75
Sauerteig
Bauernbrot 61
Dinkelvollkornbrot 45
Feigenbrot 74
Grünkernfladen mit Apfelwein 47
Haferring 79
Haselnussbrot 73
Heidebrot 77
Helles Hausbrot 33
Kernbeißer 71
Kernige Brotzeitlaibe 67
Kürbisbrötchen 87
Mandel-Dreikornbrot 37
Quinoabrötchen 84
Rieslingfladen mit Trauben 69
Salamistange mit Walnüssen 75
Sauerteigbrot 17
Sauerteigbrötchen 85
Schrot-und-Korn-Brot 63
Sonnenblumenbrot 39
Spinatbrötchen 87
Toskanisches Landbrot 99
Warenkunde 9
Wickelbrot 81
Sauerteigbrot 17
Sauerteigbrötchen 85
Schinkenbrot 49
Schokolade: Bananen-Schoko-
Creme 57
Schrot-und-Korn-Brot 63

Schwedisches Vollkornbrot 108
Semmelauflauf 22
Sonnenblumenbrot 39
Sonnenblumenkerne
Dinkelvollkornbrot 45
Kernbeißer 71
Kerndlbrötchen 83
Sonnenblumenbrot 39
Spinatbrötchen 87

T

Thunfischcreme 56
Toskanisches Landbrot 99
Trauben: Rieslingfladen mit
Trauben 69
Tunesischer Grießfladen 105
Türkisches Fladenbrot 103

U V W

Ungarische Frischkäsecreme 121
Vollkornbrot, Schwedisches 108
Walnüsse
Backpflaumenbrot 43
Salamistange mit Walnüssen 75
Weißwurstsalat 88
Weizenmehl
Backferment-Mischbrot 19
Backpflaumenbrot 43
Baguette 95
Bauernbrot 61
Bierbrot aus dem Wok 41
Brioche 93
Buttermilchzopf mit Mohn 27
Ciabatta 109
Feines Kastenweißbrot 29
Focaccia 101
Fougasse 97
Georgisches Käsebrot 113
Griechisches Osterbrot 111
Haselnussbrot 73
Hefeweißbrot 15

Helles Hausbrot 33
Kaiserbrötchen 54
Kakao-Orangen-Brot 31
Kanadisches Cranberry-
brot 115
Kartoffelbrötchen 53
Kürbisbrötchen 87
Kürbis-Ingwer-Brot 30
Mandel-Dreikornbrot 37
Mexikanische Maisbrötchen 119
Partystangen 55
Russische Quarkbrötchen 116
Salamistange mit Walnüssen 75
Sauerteigbrötchen 85
Schwedisches Vollkornbrot 108
Sonnenblumenbrot 39
Toskanisches Landbrot 99
Tunesischer Grießfladen 105
Türkisches Fladenbrot 103
Weizenvollkornbrot 35
Weizenvollkornmehl
Feigenbrot 74
Kernige Brotzeitlaibe 67
Kürbis-Ingwer-Brot 30
Schwedisches Vollkornbrot 108
Toskanisches Landbrot 99
Weizenvollkornbrot 35
Weizenvollkornschrot
Anisfladen 71
Grünkernfladen mit
Apfelwein 47
Mandel-Dreikornbrot 37
Schwedisches Vollkornbrot 108
Weizenvollkornbrot 35
Wickelbrot 81

Z

Zwiebeln
Zwiebelbrot 51
Rieslingfladen mit Trauben 69

Bezugsadressen

Falls Sie spezielle Mehlsorten, andere Zutaten oder Brotbackzubehör nicht im Laden finden, dann versuchen Sie es doch einmal über die folgenden Adressen:

Adlermühle
Mühlenladen:
Eichstetterstr. 3
79353 Bahlingen am
Kaiserstuhl
Versandhandel:
Telefon 07663/914777
www.adler-muehle.de

backfun.de
Versandhandel:
www.backfun.de

Backstars
Direktverkauf:
Guido-Oberdorfer-
Straße 2–10
89287 Bellenberg
Versandhandel:
Telefon 07306/306239
www.backstars.de

Hobbybäcker
Ladengeschäft:
Am Mühlholz 6
89287 Bellenberg
Versandhandel:
Telefon 07306/925900
www.hobbybaecker.de

Hinweis zu Glutenunverträglichkeiten

In diesem Buch finden Sie einige Rezepte für glutenfreie Brote und Brötchen. Das Klebereiweiß Gluten ist vor allem in Weizen, Dinkel, Roggen und Gerste enthalten. Diese Getreidesorten werden in unseren Rezepten durch glutenfreie Alternativen ersetzt. Aber auch Zutaten wie Hefe, Gewürzmischungen und sogar eigentlich glutenfreie Mehlsorten wie Maismehl oder Buchweizenmehl können Gluten enthalten – weil es ihnen zugesetzt wurde oder weil sie in Betrieben hergestellt werden, in denen auch glutenhaltiges Mehl verarbeitet wird.

Menschen, bei denen Zöliakie (Sprue) diagnostiziert wurde, reagieren bereits auf geringste Glutenmengen mit Beschwerden. Wenn Sie für solche Menschen backen, dann vergewissern Sie sich, dass Sie nur Produkte kaufen, die auf der Packung als »glutenfrei« gekennzeichnet sind. Lassen Sie außerdem Getreide nie in Bioläden oder Reformhaus mahlen, denn in der Regel werden die dortigen Getreidemühlen auch für glutenhaltige Getreide benutzt. Eine gute Alternative ist die Anschaffung einer eigenen Getreidemühle.

So viel mehr lecker.

ISBN 978-3-8338-8329-0

ISBN 978-3-8338-1426-6

ISBN 978-3-8338-2166-0

ISBN 978-3-8338-3435-6

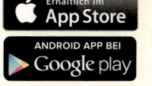

Die Autorin

Kristiane Müller-Urban wurde als Kochbuchautorin und Reiseschriftstellerin bereits mehrfach ausgezeichnet. Ihr umfangreiches Know-how gibt sie in ihren über 100 Kochbüchern und in Kochkursen weiter. Für GU hat sie die erfolgreichen KüchenRatgeber *Schnelle Brote* und *Waffeln* veröffentlicht.

Die Fotografin

Jana Liebenstein begann ihre Karriere als Fotografin in Australien. Mittlerweile ist sie viel herumgekommen und nach einigen Jahren in Deutschland wieder in ihre Wahlheimat zurückgekehrt. Sie lebt und arbeitet in Melbourne. Ihr Schwerpunkt liegt im Bereich Food, aber auch für People und Travel hat sie ein geschultes Auge. Dabei kommt in jedem Motiv ihr ganz persönlicher Stil zum Ausdruck.
Ein besonderes Dankeschön an **Suzanne Tipton** für das Backen der Brote. Herzlichen Dank auch an die Stylistin **Lisa La Barbera** für die Hilfe bei Styling und Requisite und an **John Bishop** für die schönen Untergründe.

Bildnachweis: Alle Fotos von Jana Liebenstein, außer Titelbild: getty images

Syndication:
www.jalag-syndication.de

Titelbildrezept: Toskanisches Landbrot, S. 99

Projektleitung:
Monika Greiner
Lektorat:
Sabine Schlimm
Korrektorat:
Waltraud Schmidt
Innenlayout, Typografie und Umschlaggestaltung:
independent Medien-Design, Horst Moser, München
Satz:
Knipping Werbung GmbH, Berg am Starnberger See
Herstellung:
Petra Roth
Reproduktion:
Longo AG, Bozen
Druck und Bindung:
Printer, Trento

ISBN 978-3-8338-2711-2
3. Auflage 2014

 www.facebook.com/gu.verlag

Ein Unternehmen der
GANSKE VERLAGSGRUPPE

DIE GU-QUALITÄTS-GARANTIE

Liebe Leserin, lieber Leser,
wir möchten Ihnen mit den Informationen und Anregungen in diesem Buch das Leben erleichtern und Sie inspirieren, Neues auszuprobieren. Alle Informationen werden von unseren Autoren gewissenhaft erstellt und von unseren Redakteuren sorgfältig ausgewählt und mehrfach geprüft. Deshalb bieten wir Ihnen eine 100 %ige Qualitätsgarantie. Sollten wir mit diesem Buch Ihre Erwartungen nicht erfüllen, lassen Sie es uns bitte wissen. Sie erhalten von uns kostenlos einen Ratgeber zum gleichen oder ähnlichen Thema. Wir freuen uns auf Ihre Rückmeldung, auf Lob, Kritik und Anregungen, damit wir für Sie immer besser werden können.

GRÄFE UND UNZER Verlag
Leserservice
Postfach 86 03 13
81630 München
E-Mail:
leserservice@graefe-und-unzer.de

Telefon: 00800 / 72 37 33 33*
Telefax: 00800 / 50 12 05 44*
Mo–Do: 8.00–18.00 Uhr
Fr: 8.00–16.00 Uhr
(gebührenfrei in D, A, CH)*

Ihr GRÄFE UND UNZER Verlag
Der erste Ratgeberverlag – seit 1722.